이재명의
변함없는
약속

이재명의
변함없는
약속

팬덤북스

변함없는 약속
- 소년공의 일기에서 정치인의 언어까지

2018년, 저는 이재명 대통령 후보의 젊은 날의 일기를
바탕으로 《이재명의 나의 소년공 다이어리》를 썼습니다.
그 일기에서 저는 '소년 이재명'의 굽은 팔과 꺾인 희망, 그
럼에도 꺼지지 않았던 의지를 읽었습니다. 교복 한 번 제대
로 입지 못하고, 남의 이름으로 공장에 다니며, 낮에는 기
계를 돌리느라 온몸이 피곤했음에도 밤에는 꼬박꼬박 일
기를 썼던 평범한 소년. 그 책을 쓴 일은 '소년공 이재명'
의 진심 어린 기록들을 접할 수 있는 감동적인 작업이었
습니다. 지금 생각하면, 너무나 감사한 일이었으며 저 자
신을 돌아보는 소중한 선물이었습니다.

그리고 지금, 저는 또 한 권의 책을 썼습니다. 이번에는
'정치인 이재명'의 말과 글을 따라가 보았습니다. 사실 이

책을 쓰게 된 계기는 12·3 계엄사태 이후, 탄핵정국을 지나면서 무엇인가 의미 있는 일을 하지 않고는 견딜 수 없었던 제 마음의 고백이나 다름없었습니다. 광장에 나가 응원봉을 들고 촛불풍물단의 일원이 되어 활동하는 것만으로도 채워질 수 없는 내 마음 속의 공포와 두려움을 이겨내기 위한 몸부림이었다고 고백합니다.

만약 탄핵이 된다면 곧바로 이어지게 되는 조기 대선. 가장 뚜렷하고 신뢰받는 후보로 손꼽히고 있는 이재명 대표가 정치인으로서 걸어왔던 궤적을 저 스스로 되짚어 보아야겠다고 생각했습니다. 《이재명의 나의 소년공 다이어리》의 마지막 장에서 다루었던 그의 꿈과 바람이 현실 정치 속에서 어떻게 뿌리를 내리고 싹을 틔웠는지 확인해보고 싶은 생각이었습니다.

그래서 성남시장 시절부터 경기도지사, 20대 대통령 후보, 국회의원, 더불어민주당 대표로서 최근에 이르기까지, 그가 SNS와 기자회견, 연설문 등에서 남긴 101개의 말과 글을 가려 뽑았습니다. 밑줄 그으며 읽은 구절들에 저의 생각과 의견을 함께 실었습니다. 이재명의 어린 시절 일기를 모두 읽은 한 사람의 독자이자 작가로서, 그리고 지금 시대의 한 시민으로서 이 책을 정리했습니다.

첫 번째 장은 '계엄 이후'를 다루고 있습니다.

유튜브 라이브 방송을 통해 국회로 와달라고 호소하는 급박한 장면으로부터 시작하여, 탄핵이 인용된 직후까지의 글을 다뤘습니다.

두 번째 장은 대선에 낙선한 이후 국회의원이자 당대표로서 활동한 시점을 다뤘습니다.

계엄의 순간이 다가오기까지 긴박한 순간들을 다루고자 시간 흐름은 역순으로 구성하였습니다.

세 번째 장은 제20대 대통령선거 당시의 말과 글을 다뤘습니다.

0.73%의 표 차이로 낙선하였던 안타까운 순간이었지만, 이 선거를 치러내던 그의 진심이 느껴집니다.

네 번째 장은 경기도지사 시절의 말과 글을 다뤘습니다.

저는 《이재명의 나의 소년공 다이어리》 에필로그에 경기도지사 재임을 바란다고 써놓았었는데, 결국 3년밖에 하지 못했지요. 그렇지만 그의 3년은 정말 대단한 여정이었습니다. 대법원 판결까지 갔다가 파기 환송되는 정치적 위기도 있었지만, 그 가운데에서도 정말 뚝심 있게 많은 일을 했습니다. 2020년에는 코로나 방역으로 큰 위기가 닥쳤는데 어머님께서 돌아가시는 슬픔을 겪기도 했습니다.

다섯 번째 장은 성남시장 시절의 이야기입니다.

확실히 젊은 정치인 이재명의 날것 같은 말과 글을 만날 수 있습니다. 지역의 풋풋한 젊은 정치인 이재명의 모습을 느껴보실 수 있을 것입니다.

소년공의 일기와 정치인의 연설. 이 둘 사이엔 한 줄기 연결고리가 있습니다. 바로 '진심'입니다. 시대와 장소는 달라졌지만, 그의 말은 여전히 현장을 응시하고, 사람을 향하고, 삶의 온기를 품고 있습니다. 이 책의 제목을 '변함없는 약속'이라고 정한 것은 이 때문입니다. 그의 말은 변화 속에서도 일관된 무엇을 지향하고 있었다는 것, 그 '변함없는 방향'에 대해 말하고 싶었습니다.

정치인으로서의 그의 말과 행동은 더 세련되어지고 정교해지며 품위를 갖추게 되었지만, 그 본질적 내용은 한결같습니다. 게다가 말로만 하는 것이 아니라, 행동으로 옮기는 모습을 보여줍니다. 어떤 어려움 속에서도 흔들리지 않고 자신의 약속을 지켜내는 모습은 신뢰를 쌓기에 충분했다고 생각합니다.

물론 이 책은 '정답'을 말하지 않습니다. 다만 말들의 겹겹 속에서 저마다 다른 진심과 상처, 희망을 발견해보려는 시도입니다. 《이재명의 나의 소년공 다이어리》가 소년의 마음을 들여다보는 일이었다면, 이 책은 그 소년이 걸어온 시간을 되짚으며 정치적 존재로서의 '말'을 성찰하는 여정입니다.

이 책을 펼치는 당신 또한, 이 시대의 언어를 통해 우리가 어디에 있고 어디로 가야 할지를 함께 묻고 생각하는 시간이 되기를 기대합니다.

더불어 이 책이 무사히 출간될 수 있는 세상을 맞이하게 되어 너무나 기쁩니다. 만약 헌법재판소에서 탄핵이 기각된다면 우리나라의 민주주의는 독재의 시대로 퇴보했을 뿐만 아니라, 이 책의 출간도 기각될 수밖에 없을 것이라 생각했습니다. 계엄 이후를 다루고 있는 첫 번째 장의 결말이 해피엔딩으로 끝나게 되기를 간절히 소망하였는데, 우리의 기도가 하늘에 닿았던 모양입니다.

아직 가야 할 길은 멀지만 '진짜 대한민국'으로 가는 길, 끝까지 함께 가겠습니다.

2025년 4월 어느날

조정미

차례

2장   국민과 함께한 이재명의 신념

3장 20대 대통령 후보 이재명의 약속

4장 경기도지사 이재명의 실천

5장   성남시장 이재명의 용기

1장

계엄의 밤 이후, 이재명의 확신

01

국회로 와 주십시오

존경하고 사랑하는 국민 여러분

윤석열 대통령이 비상계엄을 선포했습니다.

윤석열 대통령은 국민을 배반했습니다.

윤석열 대통령의 불법적인 비상계엄 선포는 무효입니다.

국민 여러분 국회로 와 주십시오.

무너지는 민주주의 여러분이 함께 나서 지켜 주십시오.

이렇게 방치할 수는 없습니다.

국민 여러분 여의도 국회로 가 주십시오.

저도 국회로 갑니다.

— 2024년 12월 3일, 윤석열 전 대통령의 비상계엄 선포 후
국회로 이동하면서 유튜브 라이브 방송에서

이날 국회로 달려갔던 의원들 가운데 라이브로 계엄 국회 상황을 방송한 의원은 이재명 대표가 유일했다. 방송을 하게 된 것은 광주민주화운동 당시 광주의 밤을 낭랑하게 울렸던 여성들의 가두방송을 떠올렸기 때문이었다고 이야기한다. 스스로 저격대상이었으면서도 죽기를 각오하고 "광주시민 여러분 지금 계엄군이 들어옵니다. 광장으로 모여주세요."라고 밤새 방송을 하고 다녔던 젊은 여성들. 그래서 그분들처럼 유튜브로 라이브 방송을 했다는 것이다.

이재명 대표는 누구보다도 소셜네트워크 미디어를 활용하여 시민들과 적극적으로 소통할 줄 아는 정치인이다. 누구보다도 많은 공격을 받는 정치인이면서도, 그가 그 험난한 과정 속에서도 지치지 않고 이겨낼 수 있었던 것은, 그의 아픈 모습조차 사랑하며 진심을 다해 지지해주는 국민들이 있기 때문이 아니었을까?

그날 그가 유튜브 라이브 방송을 통해 국회로 모여달라고 메시지를 보냈을 때, 수많은 시민들이 그의 절박함에 응했다. 그는 한국전쟁 때 이승만처럼 국민을 버린 채 한강다리까지 끊고 도망가면서 서울을 지켜달라고 거짓 방송을 하는 비겁한 정치인이 아니었다.

그는 자신이 국회로 가고 있다고 이야기했고, 방송에는

운전대를 잡은 김혜경 여사의 훌쩍이는 소리까지 담겨 있었다. 국민들의 도움 없이는 계엄정국을 이겨낼 수 없다는 것을 간곡히 호소했다. 선명한 메시지가 수많은 시민들의 마음을 움직였다. 그리고 우리는 그가 국회 담을 넘는 모습까지 볼 수 있었다.

이날 이재명 대표가 유튜브를 통해 국민들에게 전달한 이 메시지를 이 책의 첫 명언으로 내세우는 것은, 바로 정치인과 국민이 함께 민주주의를 지켜내는 결정적인 장면이 있기 때문이다.

"알려야 되니까요. 그리고 국회를 국민들이 봉쇄하지 않으면 둘러싸지 않으면 어떻게 막습니까? 유일한 길이었습니다. 계엄군을 막는 유일한 길이었죠."

이 유튜브 방송의 댓글에 수많은 이야기들이 다른 댓글로 달렸다.

'이재명이 없었으면 계엄을 해제하지 못했다. 언론은 애써 외면하는 이 진실을 국민은 안다.'

'저희도 계엄령 방송 후 어떻게 할까 고민하다 이재명 대표의 방송을 보고 국회로 달려갔습니다.'

'그날 밤 이 대표님 방송 보고 저도 남편이랑 같이 국회로 달려간 사람입니다. 엄마가 저를 임신한 만삭의 몸으로 그때 광주에서 공포를 견디고 저를 낳으셨기에 이번 12·3계엄 때 고민도 없이 뛰어가서 목 터지지게 해제를 외치고 해제 후 집으로 돌아왔는데요 아직도 꿈만 같습니다. 엄마 뱃속에서 포함 벌써 두 번의 계엄을 겪은 여의도의 한 주부가 댓글 남겨봅니다.'

'그날 밤 계엄 사실을 알고 충격받고 있던 순간. 이재명 대표님의 라이브 방송을 보고 그냥 무조건 가야 한다는 생각에 그 어떤 두려움도 없이 국회로 갔습니다. 혹시 몰라서 어머님께 전화 한 통 드리고 출발하려고 하는데 어머님께서 가지 말라고 만류하셨지만 만약이라는 생각은 떠오르지 않았습니다. 그냥 무조건 가야 한다는 신념으로 그날 밤 제 몸이 그냥 움직이더군요. 그날 라이브 방송해주신 대표님에게 감사드려요.'

'저도 신분증 챙겨서 국회로 오라는 대표님 말씀에 애 재우고 남편과 함께 달려갔었습니다. 대표님의 빠른 판단과 실행력에 감동했습니다. 건강하세요. 민주당은 항상 경호에 신경써주시기 바랍니다.'

'저도 그날 밤 잠자리에 들었다 이재명 대표님 라이브 보고 부모님 깨실까 봐 조용히 나오면서 다시 못 돌아올 수 있다는 생각이 들었지만, 대표님의 간절한 목소리에 여의도로 택시타고 나간 한 사람입니다. 윤석열의 계엄 발표를 보고도 어떻게 해야 할지 모르고 있었는데 대표님이 직접 호소해주셔서 바로 움직일 수 있었습니다.'

'대표님 방송보고 저도 남편이랑 국회갔습니다. 그날 밤 꼴딱 샜는데도 다음날 신기하게 졸리지도 않았습니다. 최루탄 정도는 맞을 줄 알았는데 많은분들이 오셔서 무사히 집으로 돌아왔습니다.'

'저도 1시간을 운전해 갔었습니다. 여러분과 함께 있어서 든든하고 피곤하지 않았습니다. 당시 저에게 핫팩을 건네주신 분께도 다시 한 번 감사 인사 드립니다.'

'이재명 대표님 너무 좋아요 예전에는 싫어했는데… 이번 일을 겪으면서… 내 맘이 변했어요!!! 진가를 발견했답니다.'

02
자리를 지키겠습니다

재석인원 190명 전원 찬성으로
비상계엄은 해제되었습니다.
국민 여러분께서는 안심하셔도 됩니다.
우리 민주당은 대통령의 계엄해제 선언 전까지
국회에서 자리를 지키겠습니다.
끝까지 국민의 생명과 안전을 보호하겠습니다.

-2024년 12월 4일 오전 1시 19분 · 페이스북

계엄해제 요구안이 재석의원 190명 야당 172명, 여당 18명 전원 찬성으로 통과된 것은 오전 1시 1분이었다. 계엄군이 창문을 깨고 들어오는 것을 당직자들과 시민들이 바리게이트를 치고 몸으로 막으면서 시간을 벌었기에 가능한 일이었다. 정확히 18분 후에 이재명 대표는 페이스북에 국민들과 소통하는 글을 남긴다.

대통령이 계엄해제를 선언할 때까지 국회를 지키겠으니 안심하라는 내용이었다. 예상한 대로 4시간 이상이 지나고 5시 3분경에 계엄령이 완전히 해제되었다. 절차상 흠결이 매우 많은 계엄령이었는데도, 그들은 뜻을 꺾지 않고 2차 3차 계엄도 계속 선포할 생각이었다는 게 뒤늦게 밝혀졌다. 극히 위험한 순간들이었다.

이날 나도 남편과 함께 수원에서 국회까지 차를 몰고 갔다가 새벽 4시 넘어 돌아왔는데, 계엄해제가 되는 것을 보고서야 잠을 청했다. 둥당거리는 가슴을 안정시키기가 어려웠지만, 국회로 몰려든 시민들과 국회의원들의 단결된 모습에 많은 위로를 받았다. 더불어 1987년의 6월 항쟁과 1988년의 개헌으로 만들어진 헌법의 소중함을 다시금 깨달았다.

03
빛진 자의 마음으로

추운 날 거리에서 그리고 각지에서 탄핵에 힘을 모아주신 국민 여러분께 감사하고 또 송구한 마음입니다. 헌정질서 파괴하는 내란세력들을 좌초시키기 위해 또 얼마나 많은 국민 여러분들의 눈물과 땀이 필요할지 모르겠습니다.

저는 이 무도한 정권의 탄생에 가장 큰 책임이 있는 사람입니다. 국민 여러분께 너무나 큰 빛을 지고 있습니다. 마땅한 분노만큼이나, 아니 그보다 더 국민 여러분에 대한 송구함이 무겁습니다.

빛진 자의 마음으로 역사의 퇴행을 막겠습니다. 그것이 지금 이 순간 가장 필요한 저 이재명의 쓸모라 생각합니다. 부족한 저의 손을 잡아주셨습니다. 앞으로도 잡은 손 놓치지 말아주십시오. 함께 이기는 길을 가겠습니다.

- 2024년 12월 7일 오후 10시 52분 • 페이스북

이날은 1차 탄핵소추안 투표가 있던 날이었다. 여의도에는 대낮부터 수많은 시민들이 모여들었다. 뜨거운 탄핵의 열기가 솟구쳤지만, 재적 300명 중 재석 195명으로 투표가 불성립되고 말았다. 나는 힘이 쭉 빠져서 자리를 털고 일어나 마포대교를 걸어서 건넜다. 언제까지 해야 하나 좌절스러운 마음이 가득했다.

그런데 이런 우리와 달리 젊은이들은 좌절하지 않았다. 그들은 연대를 확인하며 의지를 불태우는 응원봉 축제를 시작했다. 이재명 대표가 밤 10시 52분에 '빚진 마음'이라고 쓴 것도 젊은이들에게 향한 것일 게다. 젊은이들은 그 자체로 희망이다. 형형색색의 응원봉과 그들의 노랫소리에 위로받고 희망을 찾는다.

04

그대들은 아무 잘못이 없습니다

늦었지만 꼭 이야기하고 싶었습니다. 영화와 같이 현실감 없던 비상계엄이 살아 있는 현실로 느껴진 가장 두려운 순간은 중무장한 계엄군의 국회 투입이었습니다. 결사의 각오로 막아선 시민들과 보좌진, 당직자들의 헌신이 역사의 퇴행을 막아섰습니다.

그때, 투입된 계엄군의 눈빛을 잊을 수 없습니다. 양심과 명령이 부딪치는 그 흔들림 속에는 대한민국 전체의 혼란이 고스란히 담겨 있었습니다. 죄 없는 국민에게 무력을 행사하지 않으려는 소심한 몸짓이 슬펐습니다.

초급 간부들과 병사 대부분은 내란수괴 윤석열과 김용현, 일부 지휘관들에 의해 철저히 이용당했습니다. 어떤 작전인지도 모른 채 명령에 따라 움직였을 병사들을 이용해 헌법과 민주주의의 근간을 무너뜨린 자들, 계엄군을 향한 화

살은 명령을 내린 자들을 향해야 합니다.

계엄이 해제되고 철수하며 시민들에게 허리 숙여 사과하는 계엄군의 영상을 봤습니다. 그 짧은 현장에서의 기억이 그들에게 마음의 상처로 남지 않기를 바랍니다.

자랑스런 대한민국 군인 여러분, 허리숙인 그들에게 오히려 허리숙여 말하고 싶습니다.

"그대들은 아무 잘못이 없습니다, 오히려 고맙습니다."

- 2024년 12월 9일 오후 4시 34분 · 페이스북

12월 3일 국회로 모여달라는 유튜브 라이브 방송을 하던 때에도 이재명 대표는 군인들에게 호소했다.

"장병 여러분 여러분이 들고 있는 총 칼, 여러분의 권력은 모두 국민에게서 온 것입니다. 이 나라의 주인은 국민이고 국군 장병 여러분께서 복종해야 될 주인은 윤석열 대통령이 아니라 바로 국민입니다. 국민은 윤석열 대통령의 비상계엄을 허용하지 않았습니다. 비상계엄에 미래 운명이 달려 있습니다. 여러분이 복종해야 될 것은 윤석열 대통령의 명령이 아니라 바로 국민의 명령입니다."

이런 호소가 하늘에 닿았던 것일까? 상명하복이 상식과도 같은 군인들도 차마 납득하기 힘든 계엄령이었던 것일 게다. 민심은 천심이라는 말은 이럴 때 써야 할 이야기일 것이다. 그들의 계획은 창대하고 포악했지만, 뜻대로 되는 일은 없었다. 손자가 병법에 이르기를, 전쟁이란 하늘과 땅과 사람에 달렸다는데, 천지인이 똘똘 뭉쳐 이리와 늑대 같은 놈들의 교활한 계략을 낱낱이 꺾어 놓았다.

참으로 하느님이 보우하사 우리나라 만세라고 할 수밖에 없다.

05
아름다운 불빛으로

우리 국민들은 아름다운 불빛으로

이 나라의 주인이 국민임을,

이 나라 역사의 주인이 바로 우리 자신임을

확실하게 증명하는 바로 그 역사의 현장에

우리가 서 있지 않습니까

우리는 이 자리 이 아름다운 그러나 한편

고통스럽고 슬픈 불빛처럼 비록 힘들고 어렵지만

아름다운 미래를 위해서 새로운 나라를 위해서

희망 있는 세상을 위해서 함께 나아가고

이겨내야 하지 않겠습니까

국민의 주권의지가 일상적으로 관철되는

진정한 민주국가 민주공화국

대한민국을 함께 만들어 갑시다. 여러분

- 2024년 12월 14일, 탄핵소추안 통과 후 여의도 광장 연설에서

이날은 두번째 탄핵소추안 투표가 있는 날이었다. 2024년 12월 14일 17시, 재적 300명 중 204명이 찬성하여 가결되었다. 광장은 떠나갈 듯한 함성으로 뒤덮였다. 우린 모두 일어나서 춤을 추었다. 광장이 뜨겁게 달아올랐을 무렵 이재명 대표가 들려준 연설이다.

'아름답지만 고통스럽고 슬픈 불빛'이라는 대목에서 마음이 뭉클해진다. 그래, 어느 것 하나 쉽게 얻을 수 있는 것이 있겠는가.

함께 가자 우리 이 길을… 노래가 절로 나온다.

06
빛의 혁명은 계속되는 중입니다

한강 작가의 말처럼,

계엄군 총칼에 스러져간 영령이

오늘의 우리를 구했습니다.

5월 광주의 빛은 촛불을 넘어 빛의 혁명으로 나아가고,

금남로의 주먹밥은 여의도 선결제로 부활했습니다.

빛의 혁명은 이제 시작일뿐,

겨우 작은 산 하나를 넘었습니다.

영원한 지배자가 되려던 그들의 반격을 이겨내고,

국민이 이 나라의 주인임을 우리 손으로 증명합시다.

2024. 12. 21. 오늘, 광화문이

더 많은 빛으로 더 밝게 빛나길…

- 2024년 12월 21일 오전 10시 12분 • 페이스북

탄핵소추가 이루어진 이후이기에, 여의도에서의 응원봉 집회는 일단락 되고 광화문으로 집회현장을 옮기게 된 첫 번째 토요일이다. 오전 10시 12분에 쓴 이 글에는 여의도를 밝게 빛내던 응원봉의 빛이 광화문으로 잘 옮겨지기를 바라는 마음이 담겨 있다.

같은 광화문이라고는 하나 2016년의 박근혜 탄핵 집회 때와는 달랐다. 2024년에는 전광훈 목사가 이끄는 태극기 집회가 그 자리를 차지하고 있었다.

정치적 성향이 반대인 두 그룹이 경쟁적으로 집회를 열며 대치하게 된다. 큰 충돌이 벌어지진 않았지만, 항상 긴장하게 되는 것도 사실이다.

전혀 다른 생각을 가진 사람들을 화장실이나 카페에서 마주치게 되는 당혹감을 자주 겪어야 했다. 그들과 진심의 이야기를 나누고 싶지만, 과연 될까 싶기도 했다. 귀를 틀어막고서라도 인정하고 싶어하지 않을 테니 말이다.

07

어둠을 물리칠 빛의 성탄을 꿈꾸며

간절한 마음으로 기도합니다.

지금 예수께서 이 땅에 오신다면,

손에 쥔 작은 빛으로 내란의 어둠을 몰아내고 있는

우리 국민들 곁에서 함께하셨으면 좋겠습니다.

민생위기 한파를 맨몸으로 견디고 계실

국민의 몸과 마음을 녹일 따스한 촛불이 되어주셨으면 합니다.

쉽사리 잠들지 못하는 고요하고 거룩한 밤이 이어질수록

새로운 나라를 향한 소망의 빛은 더욱 선명해지고 있습니다.

매일의 삶 속에서 국민 여러분의 성탄聖誕이

이루어질 수 있도록 정치의 책임을 다하겠습니다.

국민께서 모아주신 연대의 온기로

희망찬 미래를 꽃피우겠노라 다짐합니다.

함께하는 우리가 있기에, 그래서 희망이 있기에,

메리 크리스마스.

- 2024년 12월 25일 오전 8시 • 페이스북

2024년 12월 21일, 지방에서 전봉준 투쟁단 트랙터 17대가 윤석열 탄핵집회 참석을 위해 서울로 올라가는 중, 남태령 고개에서 경찰의 버스 차벽을 10대 이상 쌓아 트랙터를 가둬두고 농민들을 폭행하여 연행하려 했던 사건이 발생했다.

이 사실이 트위터에 올라오면서 광화문에서 응원봉 집회를 하던 시민들이 남태령으로 달려가 밤을 함께 지새며 농민들과 트랙터를 지켜내는 기적이 벌어졌다. 현장에는 밤새 천여 명의 넘는 시민들이 자리를 지켰고 전국의 시민들이 유튜브 라이브 방송을 밤새 시청하며 지켜보았다. 이들은 가장 길다는 동짓날 밤을 이렇게 남태령에서 새우게 되었다.

그런데 이날 남태령에는 예수님의 사랑이 가득하였다. 딴 세상사람 같던 트랙터 농민들과 2030 여성들이 연대하였고, 온정의 손길들이 산타클로스 선물처럼 쏟아졌다.

다음 날에는 한남동 관저 앞에까지 트랙터 행진도 할 수 있었다. 예수님이 오천 명을 먹였다는 오병이어의 기적이 바로 남태령에서 일어났다. 함께하는 우리가 있기에, 희망이 있기에, 메리 크리스마스!

08
슬픔 속에 맞이한 새해 첫 날

존경하는 국민 여러분,

묵은 한해의 어려움을 딛고 기쁨과 설렘이 가득해야 할 한
해의 시작이 온 국민의 슬픔과 애통함으로 가득 찼습니다.
항공 참사로 유명을 달리하신 모든 분들의 명복을 빕니다.
형언하기 힘든 아픔을 겪고 계실 유가족 분들께도 깊은 위
로와 애도를 표합니다.

제 손을 잡고 울부짖던 유가족 분들의 절규가 잊히지 않습
니다. 이번 참사가 완전히 수습되는 날까지 민주당은 무엇
이든 할 수 있는 일을 다하겠습니다. 절박한 국민의 곁에서
같이 슬퍼하고 같이 아파하겠습니다.

국민 여러분, 지난해 우리 모두는 유례 없는 어둠과 직면했
습니다. 가족과 이웃을 잃은 슬픔, 내일의 희망을 잃은 슬
픔으로 힘든 시기를 보내고 있습니다.

하지만 어둠이 깊을수록 빛을 그리는 마음이 간절하듯 새로운 나라를 향한 우리의 소망은 더욱 선명해졌습니다. 우리는 위기 속에 보여준 위대한 연대, 하나 된 국민의 의지로 다시 일어설 것입니다.

무거운 책임감으로 절망의 늪에 빠진 국민의 삶에 함께하겠습니다. 우리 앞의 비극과 고난을 극복하고 새로운 미래를 열어가겠습니다.

새해 복 많이 받으십시오. 고맙습니다.

- 2025년 1월 1일 오전 7시 · 페이스북

12·3 계엄사태로 온 나라가 두려움과 공포에 젖어 있던 2024년 12월 29일 오전 9시 3분경, 전남 무안 국제공항에서 승객 175명 승무원 6명, 총 181명이 탑승하고 있던 제주항공 2216편이 착륙 도중 기기 결함으로 동체 착륙한 뒤, 그대로 활주로를 이탈하여 로컬라이저가 설치된 콘크리트 둔덕에 충돌하며 폭발하는 끔찍한 사고가 발생했다. 이 사고로 탑승자 179명이 사망하였다.

우리 국민 모두가 더없이 애통하는 마음으로 슬픔에 젖어 한 해를 보내고 새해를 맞이해야만 했다. 계엄에서 파면에 이르기까지 123일 동안 너무 많은 일이 지나간 탓인지, 벌써 머나먼 과거의 이야기처럼 느껴지지만, 다시금 이 글을 읽노라면 뼈 저리는 아픔이 느껴진다.

고생해본 사람이, 슬픔을 겪어본 사람이, 다른 사람의 고통과 슬픔을 이해할 수 있다. 아니, 머리로 이해하는 게 아니고 가슴으로 함께 우는 것이다. 단 한 번도 좌절과 슬픔을 겪어보지 못한 사람들은 다른 사람의 감정과 공명할 수 없다. 물론 고생하고 살았던 사람이라고 해서 다 그런 것도 아니다. 더 모질어지기도 한다. 이재명은 참 이상한 사람이다. 만만치 않은 슬픔과 좌절을 겪으며 적지 않은 것을 성취했지만, 자신이 겪었던 아픔들을 그대로 기억하고 있는 것이다.

물론 그가 공감하는 표현을 잘하는 것은 아니기에 한 마디 말로 천냥 빚을 갚을 텐데 하는 마음이 있기도 하다. 그러나 달콤한 말로 짧은 순간을 때우는 것이 아니라, 근본적인 문제해결로 모두를 위해 꾸준한 효과를 발휘하는 정책을 펼치는 데에 더 많은 공력을 기울인다는 것이 행정가로서의 훌륭한 면이라고 생각한다.

그는 기초단체장부터 시작해서 광역단체장을 거쳐 대통령의 자리로 나아가고 있다. 그 중간에 대통령 낙선으로 국회의원이 되고 당대표를 해보는 것도 좋은 경험이었다고 생각한다.

그나마도 폭군 같은 대통령의 계엄까지 겪어봤으니 그는 더 많이 성찰하고 고민하며 학습할 것이다. 그의 어린 시절 일기를 읽으면서 깨달은 것 한 가지는, 그는 매우 많이 부족한 채로 난관에 부딪혔지만, 그는 그때마다 더 많이 배우고 성찰하며 성장했다는 점이다.

이 혹독한 겨울을 겪으며, 새해를 맞이하며 그는 또 얼마나 더 많이 성장할 것인가. 우린 모두 얼룩덜룩한 인간이다. 그러나 평생을 성찰하고 학습하는 자를 이길 수는 없다.

09
진실은 반드시 승리합니다

박정훈 전 수사단장에 대한 법원 판결을 환영합니다.
이 정권은 억울한 죽음의 진상을 규명하라는 국민의 명령
에 항명했습니다. 사법정의를 조롱하고 군에 대한 신뢰를
바닥까지 추락시켰습니다.

아무리 감추려 해도 진실은 반드시 밝혀지고 결국 승리합
니다. 민주당은 채 해병의 죽음에 얽힌 내막과 외압의 몸통
을 밝혀내는 일에 더욱 박차를 가하겠습니다. 더 이상 소중
한 생명이 희생되고, 진실이 은폐되는 일이 벌어지지 않도
록 하겠습니다.

- 2025년 1월 29일 오전 10시 57분 • 페이스북

공교롭게도 계엄사태가 있은 후, 많은 일들이 발생했다. 결코 깨뜨릴 수 없을 것 같은 철벽들도 하나둘씩 무너져내렸다. 고 채수근 해병 사건으로 극심한 고난을 겪었던 박정훈 대령의 재판이 무죄로 판결된 것이 그 첫 번째 사례일 것이다. 물론 군 검찰이 항소를 제기하여 재판은 계속될 것이지만, 정의가 이토록 짓밟히는 일은 다시 일어나지 않기를 기대한다.

모든 것이 제 자리로 돌아가는 풍경에도 시간은 걸리게 마련이다. 어떤 일이든 회복되려면 잘못된 시간의 두 배만큼은 걸린다는 이야기가 있다. 3년을 회복하려면 6년은 걸린다는 생각을 하고 살아가자. 그러나 어찌 보면 10년을 회복하기 위해 20년이 걸리는 것일지도 모르겠다. 더 길게 생각하면 100년을 회복하기 위한 200년일 수도 있다.

그래도 이 과정이 회복하는 과정이라 생각하고 마음을 다잡아야겠다. 우리가 자주 이야기해온 과거사를 바로 세우는 일도 우리 스스로 대가를 치르며 감당해야 할 일이라는 생각으로 나아갈 필요가 있겠다.

10
위대한 국민이 있기에

매년 맞이하는 설이지만 아무래도 올해는 유다른 느낌입니다. 묵은 한 해는 떠나보냈지만 진정한 새해가 아직 오지 않았다는 걱정,

초유의 비극 속에서도 뒤엉킨 타래를 한 올 한 올 풀듯 전개되는 민주적 회복절차의 자긍심,

무엇보다 이 모든 것을 가능하게 한 우리 국민에 대한 감사의 마음까지. 유독 더 많은 생각과 고민을 곱씹게 됩니다.

지금 대한민국을 살아가는 우리 모두는 유례 없는 역사적 기로 한복판에 서 있습니다. 이 중대한 갈림길에서, 저는 우리가 진통을 이겨내고 결국 대한민국의 저력을 세계만방에 보여주게 될 것이라고 확신합니다. 위대한 우리 국민께서 우리가 만들 '더 나은 세상'의 모습을 이미 보여주셨기 때문입니다.

서로 다른 색깔의 응원봉들이 경쾌한 떼창으로 한데 어우러지며 역사의 퇴행을 막아냈습니다. 우리 국민은 그 찬연한 손빛으로 내란의 어둠을 걷어내고 고대 속에 잠든 '아고라'를 깨워낼 것입니다.

일상에서 저마다 자유롭게 이야기하며 더 나은 세상을 함께 바라보는 사회, 자신이 미처 생각못한 이야기에 귀 기울이고 존중하며 배려하는 광장이 부활할 것입니다.

국민이 대한민국의 참된 주권자가 되고, 일상적으로 주권자의 의사가 국정에 반영되는 진정한 민주공화국의 문을 열 것입니다.

'아고라'의 부활로 펼쳐질 '국민중심 직접민주주의' 르네상스는 구성원의 참여와 신뢰가 필수조건입니다.

모진 추위를 서로의 온기로 이겨낸 키세스 시위대, 몸이 매여도 마음으로 함께하려는 시민들의 '핫팩' 공조와 '난방버스' 연대, 금남로의 주먹밥을 계승한 여의도와 한남동의 '선결제'까지. 우리는 내란극복 과정에서 이미 참여와 신뢰를 확인하며 르네상스의 서사를 써내려가고 있습니다.

아직 끝이 아니기에 여전히 긴장해야 합니다. 역사가 말해주듯 늘 독재, 반민주, 극단주의 세력의 반동은 마지막 순간까지 계속될 것입니다.

그러나 저는 믿습니다. 어둠이 깊을수록 새벽은 가까워지고, 산을 높이 오를수록 바람이 더 거친 법입니다.

대한민국 민주주의는 가장 힘겹지만 새로운 세상을 목도할 '9부 능선'을 지나고 있습니다.

끝난 줄 알았던 길의 끝에서 스스로 길이 되어주신 우리 국민 여러분, 함께 힘을 모아 마지막 고비를 넘어갑시다.

새해의 문턱에서, 우리는 곧 오늘의 불운을 끝내고 우리 국민이 얼마나 위대한지 다시 발견하게 될 것입니다. 국민의 열망을 가슴 깊이 새기고 국민의 뜻을 받들어 새 미래를 열어가는 데 앞장서겠습니다. 모든 국민의 희망과 기쁨이 가득한 한 해가 될 수 있도록 더욱 정진하겠습니다.

새해 복 많이 받으십시오.

- 2025년 1월 28일 오전 8시 · 페이스북

이 글은 절체절명의 위기에 닥쳐 있는 2025년 새해를 맞이하며 쓴 것이다. 이 글을 읽으며 나는 대학교 1학년생이던 이재명이 쓴 일기를 떠올렸다.

1982년 봄, 대학교 1학년생이었던 이재명은 성남에서 버스를 타고 흑석동까지 통학해야 했다. 그러던 중 갑자기 버스 요금이 인상되는 일이 발생한다. 이때 대학생 이재명은 가뜩이나 빠듯한 살림살이에 버스 요금까지 오르니 어려움이 많다고 투덜댄다. 그러나 그는 거기에서 멈추지 않고 이런 내용을 일기에 함께 적어둔다.

"하지만 근로청소년 할인을 한 것은 백 번 잘한 일인 것 같다. 나도 그랬었으니까."

이 내용은 근로청소년으로서 검정고시 학원에 다니면서 청소년 할인요금을 받지 못해서 항상 서럽고 억울했던 자신의 경험에서 비롯된 것이다. 개인의 이해관계를 넘어서서 공공의 이익을 생각하는 성숙함이 돋보인다.

사실 국가가 처한 어려움을 이겨내기 위해서는 공공의 이익을 우선하는 국민이 있어야만 가능할 것이다. 머나먼 만리타향에서 고된 노동을 하면서도 애국금을 걷어 독립운동자금을 보냈던 미주 한인들. IMF 구제금융 때 금 모으기 운동에 앞장서 참여했던 시민들. 목숨을 바쳐 민주주의를 지켜냈던 수많은 청년들…

모두가 함께 잘 살아가는 대동세상의 가치를 만들어 내려면, 그 대가를 기쁘게 받아들이려는 성숙한 민주시민이 있지 않고는 불가능한 일이다. 그런 점에서 우리가 지금 겪고 있는 시련들은 그와 같은 성숙한 민주시민으로 우리가 다시 태어나기 위한 과정일지도 모른다.

그래서 이 글을 쓴 이재명 대표에게 이런 이야기를 건네주고 싶다.

"너무 걱정 마십시오. 우리가 항상 함께하겠습니다. 당신과 함께 그 길을 가게 되길 소망합니다. 그 열매를 맺게 되길 소망합니다."

11

숲은 단 하나의 나무로
이루어지지 않습니다

한 여름 벌판이 아름다운 까닭은 다양한 꽃들이 함께 어우러져 있기 때문입니다. 오래된 성벽이 튼튼한 까닭은 다양한 돌들이 서로 기대어 지탱하기 때문입니다. 단음으로는 화음을 만들 수 없고, 여러 소리가 모여야 비로소 아름다운 화음의 심포니가 완성됩니다.

일찍이 영국의 작가 E. M. 포스터는 "우리는 민주주의를 두 가지 이유로 환호한다. 하나는 그것이 다양성을 허락하기 때문이고, 다른 하나는 비판을 허용하기 때문이다."라고 했습니다. 전적으로 동의합니다. 다양성과 비판은 현대 정당의, 우리 민주당의 생명과도 같은 원칙입니다. 다양한 목소리가 공존하고 활발한 토론이 이루어질 때 창의성과 역동성이 살아납니다. 우리는 그 힘으로 생산적 통합, 발전적 성장의 꿈으로 나아갈 수 있습니다.

우리 민주당이 다양한 풀 나무가 자라는 건강한 숲이면 좋겠습니다. 한 목소리만 나오지 않도록 오히려 다른 목소리를 권장하면 좋겠습니다. 우리 안의 다른 의견을 배격하면서 내부 다툼이 격화되면 누가 가장 좋아하겠습니까?

우리는 대한민국 역사에 기록될 항전을 치르고 있습니다. 반헌정세력과 싸워 반드시 승리해야 합니다. 저 극단과 이단들로부터 대한민국을 지키고 헌정질서를 회복하는 것보다 시급한 일은 없습니다.

내부의 차이를 확인하는 것보다 민생을 살리고 경제를 살리고 안보를 살리고 민주주의를 살리는 것이 더 중요합니다.

필승을 위한 강철검이 필요한 지금, 다양한 원소가 결합할 때 강력한 합금이 만들어진다는 지혜를 잊지 말아야겠습니다.

우리는 반드시 승리할 것입니다. 그리고 그 끝에 대한민국의 융성이 기다리고 있다고 믿습니다. 한 가지 꽃이 아니라 수많은 꽃이 흐드러지게 피는 '백화제방'을 함께 꿈꿨으면 좋겠습니다.

그날까지 작은 차이로 싸우는 일은 멈추고 총구는 밖으로 향했으면 합니다. 저 또한 여러 지적을 겸허히 수용하며 함께 이기는 길을 찾기 위해 노력하겠습니다.

- 2025년 2월 3일 오후 2시 46분 · 페이스북

전적으로 동의하는 이야기이다. 조금만 다른 생각을 가져도 분열하는 태도는 우리가 갖고 있는 매우 비효율적인 태도라고 생각한다. 현실정치에서 실리를 찾는다면서 썩어믄드러지는 것도 문제이지만, 모든 것을 비판하며 분열하여 아무것도 성취하지 못하는 것도 큰 문제이다.

더욱이 더불어민주당은 거대정당이 되었기에 소수정당처럼 진보적인 이슈에 최선을 다할 수는 없는 상황이라는 것도 우리 스스로 인정해야 할 것이다. 오히려 더 넓은 품을 갖고 더 많은 것을 품어 안는 정당이 되어야 한다. 심지어 태극기와 성조기를 흔드는 이들을 어떻게 끌어안을 것인지, 고민해야 한다.

이재명 대표의 목에 칼을 꽂았던 그런 사람이 점점 더 많아진다면, 우린 아무 일도 할 수 없을 것이다. 예수님과 부처님은 이런 우리들에게 어떤 조언을 할까? 우리는 어떻게 해야 원수를 사랑할 수 있을까? 어떻게 해야 문제를 해결하는 자비심을 가질 수 있을까?

12
산이 높을수록 멀리 볼 수 있다

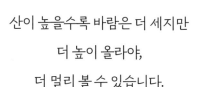

산이 높을수록 바람은 더 세지만
더 높이 올라야,
더 멀리 볼 수 있습니다.

우리 앞의 난제들을 피하지 맙시다.
쟁점과 논란에 정면으로 부딪쳐,
소통과 토론을 통해 해결책을 만들고,
그 성과로 삶과 미래를 바꿔나갑시다.

- 2025년 2월 10일, 교섭단체 대표연설에서

위기가 기회라는 말이 있는데, 이번 12·3 계엄사태가 바로 그런 계기가 될 것이다. 우리가 그동안 누리고 있다고 생각해왔던 민주주의가 얼마나 쉽게 허물어질 수 있는지, 그 뼈아픈 현실을 온전히 마주할 기회를 얻게 된 것이다.

사태가 사태이니만큼 그동안에는 아쉬워서 차마 버리지 못하고 주렁주렁 달고 다니던 짐들도 내려놓고 몸을 가볍게 해야 할 것이다. 일의 우선순위를 매겨야 하고, 가장 중요한 것을 위해선 각자 조금씩 양보도 해야 한다. 그리고 하나씩 문제를 해결해나가는 계기를 만들자. 매번 똑같은 일이 반복되는 악순환의 고리를 끊고.

13
주 4일 근무국가

창의와 자율이 핵심인 첨단과학기술 시대에
장시간의 억지 노동은 어울리지 않는다.
첨단기술사회로 가려면 노동시간을 줄이고
주 4.5일제를 거쳐 주 4일 근무국가로 나아가야 한다.

- 2025년 2월 10일, 교섭단체 대표연설에서

주 6일을 일하던 세상을 살았던 적이 있다. 그러다 주 5일 근무가 되자, 오전 근무만 하고 중국집에서 맛있는 음식을 먹고 집에 일찍 돌아오던 반공일이었던 토요일이 그리워지기도 했다. 반공일이라는 이름을 지금 젊은이들은 들어보지도 못했겠지만 말이다. 그때 왜 하루 더 쉬게 된 휴일을 어떻게 사용할지 고민을 덜 했는지 후회가 된다. 더 많이 창의적으로 시간을 사용하는 법을 배워야 한다.

그런데 이젠 주 5일 근무도 이젠 주 4일 근무가 되어야할 상황이라고 한다. 이 이야기는 더 많은 시간을 함께 모여서 일한다고 한들 더 이상 생산성이 좋아지지 않는 사회가 되었다는 것을 의미한다. 주어진 시간 내에 더 효율적으로 일하고 더 많은 시간을 자신을 위해 사용하는 세상으로 나아가지 않는 한, 우리는 인공지능 시대의 경쟁에서 패배할 수밖에 없을 것이다.

어떻게 일하고 어떻게 쉬고 어떻게 학습할 것인지, 그것은 각자에게 달려 있다. 세상은 쉴 새 없이 변하고 있다. 끊임없이 공부하지 않고는 따라갈 수가 없다.

현장의 경험과 함께 경험이 공부와 결합되지 않고는 전문성과 창의성을 갖출 수 없기 때문이다.

14

대화와 타협

흑백논리에 익숙하다보면
빨강이나 회색이 있는지 잊게 됩니다.
악용할 의도로 상대를 속이려 하고,
의심을 하면 대화와 타협이 불가능합니다.
객관적 사실은 서로 인정하고,
소통을 통해 의심을 거두고,
합리적 절충점을 찾도록 진지하게 대화해야 합니다.

- 2025년 2월 11일 오전 10시 2분 • 페이스북

급속도로 변하는 세상이건만, 몇십 년 전 젊었을 때 익힌 흑백논리에 여전히 갇혀 있는 사람들이 있다. 이런 사람들은 우리가 투명하다고 생각하는 햇빛 속에 찬란한 무지개색이 들어 있다는 것을 인정하지 못한다. 스스로 통제하고 스스로를 틀 안에 가두며 살아왔기에 주변의 사람들로부터 자주 칭찬을 받아왔지만, 사람들의 반대를 무릅쓰면서라도 세상을 낫게 만드는 일은 시도해본 적이 드물다.

물론 혼자서 노력한다고 해서 일이 이루어지는 것은 아니다. 젊은 혈기에 평생 이것저것 해보려 애쓸 때마다 부딪혀서 상처투성이가 된 사람도 있다. 그래서 이젠 아무것도 안 하겠노라며, "나는 자연인이다."를 꿈꾸는 사람들도 허다하다.

그런데 이만큼 나이를 먹었다면 함께 협력하여 좋은 세상을 만들려는 노력을 해야 할 때가 된 것이니, 우선 자기 자신부터 피해의식을 벗어던지고 열린 마음으로 대화의 장에 나서야 한다. 아무리 이야기해봤자 안 될 사람이라면 한두 번 이야기해보고 그만두면 될 것이다. 상처입을까 봐 두려워 시도도 하지 않거나, 끝끝내 자기 주장만 내세우는 사람이라면 남은 인생 편히 살긴 글렀다고 본다.

15
죽음의 숲, 죽음의 강

지지자 여러분. 팩트가 틀리면 반박하고,
예의와 품격을 갖춰 토론하면 됩니다.
그러나 상대에게 모멸감을 주는 방식으로 공격하고
의사표현을 억압하는 방식으로 비난하면
생산적인 논쟁이 어려워집니다. 결국 다 함께할 식구끼리
서로 비방하면 누가 가장 좋아하겠습니까.
조용한 숲은 불타버린 숲뿐이고
조용한 강은 댐에 갇혀 썩어가는 강뿐임을
기억합시다.

- 2025년 2월 23일 오후 3시 10분 • 페이스북

예의와 품격을 갖춰 토론을 할 줄 모르는 사람들이 허다하다. 다른 주장을 꺼내놓고 이야기하는 법을 배워본 적이 없기 때문에 그렇다. 예전에 다니던 회사에서는 회의가 있기 전에 미리 결론을 맞춰놓고 들어가는 경우가 허다했다. 회의석상에서 반대 의견을 내면 회의가 끝난 다음에 거친 항의를 받았다. 그러니까 임원 앞에서 하는 회의는 모두가 연극이었던 셈이다. 새로 들어온 신참내기 과장이 설마 입을 열 줄 몰랐던 모양이다.

처음엔 거칠게 부딪혔는데, 몇 년 후엔 미리미리 만나서 설득을 했다. 점차 설득당하는 사람이 많아졌다. 그런데도 끝까지 설득되지 않는 사람들이 있었다. 그 분들과는 결국 친구가 될 수 없었지만 어쩔도리 없는 일이었다.

여하튼 사람에 대한 평가는 그가 어떤 일을 하면서 살아왔는지 그 과정에 달려 있다. 자기 자신에 대한 평가도 마찬가지다. 10년 전의 모습과 지금을 비교해보자. 나는 과연 성장했는가? 그런 점에서 나는 10년 전의 이재명보다 지금의 이재명이 좋다. 그는 계속 성장하고 있다. 그런 점을 먼저 알아차린 사람들에게 복이 있을진저.

16
진보와 보수

민주당은 본시 중도정당이다.

시대상황이 진보성이 더 중요할 땐 진보적 중도 역할이, 보수성이 더 중요할 때는 중도보수 역할이 더 컸다.

진보와 보수는 시대와 상황에 따라 상대적이다. 서구 선진국 기준에 의하면 김대중, 문재인, 이해찬 등의 지적처럼 민주당은 보수정당이거나 그에 가깝다.

같은 자리에 서 있어도 상황이 변하면 오른쪽이 왼쪽이 될수도 있다.

헌정회복, 법치수호, 성장회복 같은 국힘이 버리고 떠난 보수의 책임을 민주당이 책임져야 한다. 민주당이 우클릭한 것이 아니라 세상이 변해 민주당과 이재명이 주력할 선순

위 과제가 바뀐 것 뿐이다. 국힘의 '극우클릭'으로 민주당의 책임과 역할이 커지고 바뀐 것뿐이다.

참칭보수, 억지진보의 정쟁에서 벗어나 진정한 보수와 합리적 진보성이 경쟁하는 새시대가 열리기를 바란다.

- 2025년 2월 23일 오전 11시 17분 • 페이스북

일제강점기에도 독립운동세력은 사회주의와 민족주의로 나뉘어 있었다. 사회주의가 좌파이고, 민족주의는 우파라고 할 수 있다. 그런 점에서 이승만도 김구도 모두 민족주의 계열 독립운동가이다. 그런데 해방공간에서 좌파 지식인뿐만 아니라 정상적인 사고방식을 가진 민족주의 지식인들도 월북을 선택했다. 홍명희 같은 민족주의자가 북한을 선택한 것도 그런 까닭일 것이다.

그 이유는 간단했다. 도저히 민족주의자의 탈을 쓴 이기주의자 이승만을 견뎌낼 도리가 없었기 때문이다. 제2차 세계대전까지는 한편이었던 미국과 소련이 냉전체제로 돌아서면서 신탁통치를 시작되었고, 그 결과가 지금까지 영향을 끼치고 있다.

그런데 문제는 우리나라 사람들은 유난히 이념을 좋아하는데 너무 좋아해서 실용을 자주 망각한다는 점이다. 돌이켜 보면, 조선이 망한 이유도 유교 이데올로기와 명나라에 대한 사대를 차마 잊을 수가 없어서였다. 그렇다고 해서 그들이 진정한 유교주의자였던 것도 아니다. 역사적으로 기득권층들은 이데올로기를 명분으로 내세우며 실용을 헌신짝처럼 버리다가 망하는 길로 접어들곤 했다.

그런데 놀라운 것은 이번 계엄사태를 겪으며, 나는 순식간에 빨갱이가 되어 버렸다는 사실이다. 윤석열이 일시에 척결하겠다는 국가반란세력에 내가 포함되어 있었던 것이다. 진보를 이해하고 지지하는 합리적 보수라는 정치적 성향의 소유자로서는 매우 곤혹스러운 일이다.

그런 점에서 나는 더불어민주당이 중도보수의 넓은 지대로 나아간 것을 환영한다. 보수가 극우로 일제히 몰려나간 틈에 빈집털이를 했다는 소리를 듣는다 해도 넓은 땅은 가질 만한 곳이라고 생각한다. 분열된 민심을 하나로 수습하는 데에도 중원은 매우 중요한 땅이기 때문이다.

이 와중에 더불어민주당이 진보정당이라면서 뒷북 치는 분들이 있는데, 과연 그분들이 얼마나 진보적이었던가? 하늘이 알고 땅이 알고 세상 사람들이 다 아는 일이다.

오히려 소수 진보정당을 품어 안으며 상생하는 구조를 만들고, 그들이 갈고 닦은 정책적 이슈를 함께 토론하며 현실정치에 반영하는 통크고 실력 있는 중도정당이 되는 것이 적절하다고 본다.

결론적으로 나는 여기 있길 잘했다. 나는 빨갱이가 아니고 파랭이다. 파란색 오리털 파카 입고 이 겨울을 광장에서 보냈다.

17

총칼마저 이겨낸 자주독립의 함성이 새로운 나라의 길잡이가 되었듯

"하늘도 다 끝나고 비 한 방울 내리잖는 그때에도 오히려 꽃은 빨갛게 피지 않는가."

106주년 3·1절, 제 고향 안동이 낳은 이육사 선생의 시 한 구절이 떠오릅니다. 침략으로 주권마저 상실했던, '북北쪽 툰트라' 같은 그 땅에 자주독립과 자유, 평등의 씨앗을 뿌렸던 날. 총칼을 이겨낸 평화의 연대는 '국민이 주인인 민주공화국'으로 피어났습니다.

과거 이 땅의 주인들이 분연히 떨쳐 일어난 것처럼, 오늘의 대한국민도 두려움 없이 계엄군의 장갑차와 총칼에 맨몸으로 맞섰습니다. 무력과 폭압으로 점철된 내란의 어둠은 '국민이 나라의 주인'임을 알린 위대한 '빛의 혁명'을 이길 수 없었습니다.

106년 전 뜨거운 역사가 증명합니다. 국가적 환란 때마다 위기를 이겨내고 새 길을 열어낸 것은 언제나 행동하는 주권자였습니다. 오만한 권력이 국민을 억압하고 능멸하려 들 때마다 우리 국민은 하나 되어 힘을 모았고 무너져 가는 국가를 바로 세웠습니다.

그때도 지금도 언제나 답은 광장의 함성 속에 있습니다. 절망의 시대를 희망으로 이겨낸 3·1운동 정신이 새로운 나라의 길잡이가 되었듯, 광장을 물들인 오색 빛은 더 나은 세상을 향할 우리의 디딤돌로 자라날 것입니다.

기나긴 세월을 뛰어넘어 다시 기미년 봄날의 우렁찬 함성에 귀를 기울여봅니다. 국민이 가리킨 곳을 향해 두려움 없이 정진하는 일, 그렇게 좌절을 딛고 다시 위대한 대한민국을 만드는 일이야말로 모진 수난 앞에서도 열망을 잃지 않았던 선열들의 헌신에 응답하는 길이라 믿습니다.

- 2025년 3월 1일 오전 9시 4분 • 페이스북

3·1운동을 숫자로 정리하자면 1919년 3월 1일을 기해 일어난 거족적인 독립만세운동이다. 그해 4월 29일까지 전국에서 1,214회의 집회가 열렸으며 약 200여만 명이 참여한 평화적인 만세운동이다. 당시 인구수가 2,000여만 명이었으니 전 인구의 10%가 참석했다.

일제는 이를 폭력적으로 탄압하였다. 자료마다 차이는 있지만, 박은식의 《한국독립운동지혈사》에 따르면 사망자는 7,509명이요, 부상자는 1만 5,961명, 피검수는 4만 6,948명에 이른다.

두 달 동안의 시위를 통해 7,509명이 순국했다는 사실은, 우리를 충격에 빠뜨리게 한다. 이 당시 애국창가 중에 '죽어도 못 놓아'라는 노래가 있는데 나라를 잃은 조선인들의 마음이 어떤 상태였는지를 깨닫게 된다. 그들은 마치 사랑하는 연인을 잃어버린 것처럼 나라 잃은 슬픔을 토로하고 있다.

아시아 동편에 돌출한 반도 단군의 풍부한 복이로구나
에라 놓아라 못 놓겠구나 3천리 강산을 못 놓겠구나.

품질도 튼튼하고 예의도 맑은 단군의 혈족이 우리로구나

에라 놓아라 못 놓겠구나 2천만 동포를 못 놓겠구나.

하나님 하나님 우리 내실 때 자유와 독립을 안 주셨나요
에라 놓아라 못 놓겠구나 대한의 국권을 못 놓겠구나.

청년아 청년아 말 물어보자 만권의 시서가 어디로 갔나
에라 놓아라 못 놓겠구나 필묵과 서적을 못 놓겠구나.

3척의 장검을 빗겨들고셔 저 원수 머리를 베이자꾸나
에라 놓아라 못 놓겠구나 저 원수의 목을 못 놓겠구나.
- 애국창가 '죽어도 못 놓아' 가사 전문

    그랬던 그들이기에 3·1 운동이 벌어지자 가슴 속 깊이 묻어 두었던 한을 풀기라도 하듯 길거리로 뛰쳐나와, 품 속에 깊이 숨겨놓았던 태극기를 꺼내 들고 목청껏 만세를 불렀을 것이다. 나라를 잃는 지경에 달하였으나 그들의 가슴 속에 大한은 사라지지 않았고, 나라를 되찾아야겠다는 마음만으로 목숨을 초개와 같이 버렸다.

    그런데 중요한 것이 있다. 1910년부터 1919년에 이르기까지 10년 동안 잃어버린 대한제국이 아닌 국민이 주인되

는 나라 공화제 대한민국을 마음 속에 세웠다. 그리고 구체적인 행동으로 옮겨 임시정부를 세우기까지 하였다.

그런 까닭에 대한민국의 건국기원을 1948년으로 하자는 이들의 주장은 허황된 것이다. 상해임시정부에서 이승만이 대통령의 자리에서 탄핵되었던 사실을 애써 무시하고 싶은 자들의 어리석은 역사왜곡일 것이다. 단언코 우리는 왕권국가인 조선의 국권을 잃었지만, 국민들이 주인이 되어 공화제 국가인 대한민국을 세웠다. 그 뜨거운 나라 사랑이 지금도 우리에게 이어져서 을씨년스러운 을사년의 광장을 형형색색의 응원봉 불빛으로 밝혔다.

18
역사에 죄를 짓지 마십시오

대한민국은 역사에 남을 평화혁명을 완수한 위대한 '대한 국민' 보유 국가입니다. 어떠한 폭력도 정의를 죽이지 못합니다. 대한민국의 민도는 폭력에 좌우될 그런 수준이 아닙니다.

마틴 루터 킹은 "폭력은 일시적 결과를 가져올 수 있어도 영구적 평화를 가져오지 못한다. 단지 새로운 더 복잡한 문제들을 만들어낼 뿐"이라고 말합니다. 의견이 있으면 설득하십시오. 마음을 움직이십시오. 그것이 민주공화국의 원리이자 원칙입니다.

경고합니다. 폭력선동은 반드시 그 대가를 치를 것입니다. 그러한 방식으로는 결코 역사의 거대한 흐름을 거스를 수 없음을 명심하기 바랍니다.

- 2025년 3월 6일 오전 8시 3분 • 페이스북

우리도 억울할 때가 많았건만, 부정선거 음모론에 빠지지 않고 결과에 승복했던 순간들이 오히려 우리를 성장하게 했다. 1987년에 대통령 선거에 지면서 우리는 실패한 줄 알았는데, 사실은 지금의 헌법으로 개헌함으로써 민주주의의 장기적인 포석을 마련했다. 대통령 직접선거도 헌법재판소도 1987년이 있었기에 가능했던 일이다.

국민들의 민주화에 대한 열망은 1987년 6월 항쟁으로 폭발하게 되었으며, 마침내 6·29 선언을 이끌어낸다. 이로 인해 직선제로의 개헌은 가속이 붙어 1987년 9월 18일에서여야 공동으로 헌법개정안이 국회에 발의되었으며, 국민투표를 거쳐 10월 29일에 공포되었다. 이것이 바로 지금의 우리 헌법인 제9차 개정헌법이다.

이렇듯 더불어민주당이 헌법수호의 책임을 져야 하는 것은 1987년의 헌법개헌을 주도한 주체이기 때문이다. 수많은 희생을 겪으며 얻어낸 값진 결과였다는 것을 가슴에 새기는 계기가 되어야 할 것이다. 개헌도 필요하겠지만, 일단은 만들어놓은 헌법부터 잘 지켜내자. 까딱 했으면 군부독재로 아니, 검찰독재로 돌아갈 뻔 했으니.

19

117주년 여성의 날을
축하합니다

가장 고통 받는 이들의 외침이 보편의 상식으로 거듭날 때
세상은 한 걸음씩 진보합니다. 117년 전 '빵과 장미'를 달라
며 거리로 쏟아져 나왔던 여성 노동자들의 함성은 국경과
시간을 뛰어넘어 차별과 배제 없는 세상, 모두가 존중받는
사회를 만들 원동력이 되었습니다.

여성의 날을 맞아 모두가 안전하고 누구도 억압받지 않는
세상을 다짐합니다. 성별에 의해 차별받지 않고 존엄성을
지킬 수 있는 사회가 보편의 상식이 될 수 있도록 더 노력
하겠습니다.

- 2025년 3월 7일 오전 8시 4분 · 페이스북

3월 8일은 '세계 여성의 날'이다. 1908년 3월 8일 미국 뉴욕 시에서 여성 1만 5천 명이 열악한 작업장에서 화재로 불 타 숨진 여성들을 기리며 궐기하였는데, 이 날을 기념하여 1909년 2월 28일 첫 번째 '전국 여성의 날'이 미국에서 선포되었다. 이후 여러 나라에서 '세계 여성의 날' 행사가 지속적으로 확산되었으며, 1975년부터 유엔에서 매년 3월 8일이 세계 여성의 날로 공식 지정되었다.

국내에서는 일제강점기였던 1920년대부터 '여성의 날'의 기념행사가 시작되었는데, 당대 자유주의 계열과 사회주의 계열의 여성 인사들이 적극적으로 참여하였다. 조선총독부도 딱히 탄압할 명분이 없었기에 1945년까지 행사가 지속적으로 이어졌다.

오히려 광복 이후 이승만, 박정희, 전두환 정부에 의해 '세계 여성의 날'은 공식적인 행사를 개최하지 못하는 어려움을 겪게 된다. 이들은 여성운동에 대해 부정적인 인식을 갖고 있었으며, '세계 여성의 날'의 확산에 사회주의 여성운동가들이 기여했다는 점을 문제 삼았다. 이 문제는 1985년에 이르러서야 일부 해소되어 '세계 여성의날 기념 제1회 한국여성대회'가 개최되었다. 그러나 법정기념일로 공식 지정된 것은 2018년 문재인 정부에 이르러서다. 참 오랜 세월이 흐른 셈이다.

'여성의 날' 한 가지만 두고 보아도 우리가 지금 당연한 것처럼 누리고 있는 자유와 권리는 하늘에서 갑자기 떨어진 것이 아니다. 목숨 바쳐 투쟁했던 선인들의 희생과 헌신을 통해 오랜 세월을 거쳐 이루어낸 것이다. 이 사실을 잊어버리는 순간, 우리는 타락하게 될 것이다.

이뿐만 아니라 인권, 노동, 투표, 평등, 자유, 법치 등등 민주주의의 모든 영역에서 지금 우리가 누리고 있는 것들도 마찬가지다. 너무 당연하게 여기던 것을 한순간에 잃어버릴 수 있다는 사실을 이번에 뼈저리게 경험하고 보니 어느 것 하나 소중하지 않은 것이 없다. 선인들의 희생을 가슴에 담고, 죽은 자가 산 자에게 가르쳐주는 교훈에 귀 기울이며 살아가야 할 책임과 의무가 우리에게 주어져 있다.

20

지금 안동으로 갑니다

상식적이고 합리적인 판단을 내려주신 재판부와
함께 마음 모아주신 국민 여러분께 감사드립니다.
개인적 고난은 한 차례 넘겼지만, 산불피해로 인한
국민의 고통을 떠올리니 걱정이 앞섭니다.
화마가 할퀴고 간 자리, 하루아침에 삶의 터전을 잃은
주민들께서 뜬눈으로 밤을 지내고 계십니다.
지금 안동으로 갑니다. 피해 주민들에 대한 책임 있고
신속한 지원이 이뤄질 수 있도록 힘을 모으겠습니다.
하루라도 빨리 일상을 회복할 수 있도록
최선을 다하겠습니다.

- 2025년 3월 26일 오후 5시 26분 • 페이스북

헌법재판소 판결이 계속 늘어지는 가운데, 이재명 대표의 선거법위반 2심 판결이 무죄로 판결되었다. 서초동까지 집결한 지지자들이 눈물을 뿌리며 환호했다. 그러나 이재명 대표는 안동으로 가는 발길을 재촉했다.

경북지역에 발생한 괴물 산불로 2천여 채가 넘는 집들이 불타고 28명이 생명을 잃었기 때문이다. 그는 경북 안동 사람이지만, 고향에서 환대받는 처지는 아니다. 그는 오래 전에 고향을 떠난 사람이고, 야당의 당대표일 뿐이다. 역시나 한 남성이 옷을 휘두르는 일이 발생하기도 하였다.

그렇지만 이재명 대표는 계속 행보를 이어나갔고, 민주당 대표실은 "이재민으로 파악됐다."며 "화마에 집이 피해를 입고 주변 사람들도 희생되면서 감정이 격앙됐을 것으로 이해한다. 아픔에 공감하면서 경찰에도 선처를 요청했다."고 언론에 공지했다.

이외에도 안동행에는 여러 가지 구설수가 있었다. 가지 않았다 해도 비판이 있었겠지만, 늘 쉽지 않은 길을 가는 그를 보면, 항상 마음이 안쓰럽다. 그래도 그는 그 길을 멈추지 않을 것이다.

21

진짜 대한민국이 시작된 날

헌법을 파괴하며 국민이 맡긴 권력과 총칼로 국민과 민주
주의를 위협한 윤석열 전 대통령에 대한 파면이 선고됐습
니다.

위대한 국민들이 위대한 민주공화국 대한민국을 되찾아
주셨습니다.

계엄군의 총칼에 쓰러져 간 제주 4·3, 광주 5·18 영령들이
총칼과 탱크 앞에 맞선 국민들이 부당한 명령을 거부한 장
병들의 용기가 오늘 이 위대한 빛의 혁명을 이끌었습니다.

대한민국 민주공화정을 지켜주신 국민 여러분 진심으로
존경과 감사의 말씀을 드립니다.

현직 대통령이 두 번째로 탄핵된 것은 다시는 없어야 할 대
한민국 헌정사의 비극입니다.

저 자신을 포함한 정치권 모두가 깊이 성찰하고 책임을 통

감해야 될 일입니다.

더 이상 헌정 파괴의 비극이 반복되지 않도록 정치가 국민과 국가의 희망이 되도록 최선을 다 하겠습니다.

세계 역사상 비무장 국민의 힘으로 평화롭게 무도한 권력을 제압한 예는 대한민국이 유일합니다.

촛불 혁명에 이은 빛의 혁명으로 우리 국민은 이 땅의 민주주의를 극적으로 부활시켰습니다.

세계는 우리 대한민국을 재평가할 것이고, 새 민주주의의 힘을 선망하게 될 것입니다.

우리가 힘을 모으면 국제사회의 신뢰를 신속하게 회복하고 오히려 위기를 기회로 만들 수 있습니다.

이제부터 진짜 대한민국이 시작됩니다. 국민과 함께 대통합의 정신으로 무너진 민생, 평화, 경제 민주주의를 회복시키겠습니다.

모든 국민이 안전하고 평화로운 나라에서 희망을 가지고 함께 살아가는 그런 세상을 향해 성장과 발전의 길을 확실하게 열어가겠습니다.

고맙습니다.

- 2025년 4월 4일 오전 11시 45분, 탄핵 판결 후

심훈 시인이 쓴 〈그날이 오면〉이라는 시는 바로 오늘을 위해 쓰여진 것이 아닌가 싶다. 우리들이 모여서 집회를 열었던 곳이 바로 삼각산이 내려다 보는 곳이었고, 육조六曹 앞 넓은 길이 있는 곳이었다. 시인은 나라를 되찾게 되는 그날이 오면, 밤하늘에 나는 까마귀와 같이 종로의 인경을 머리로 들이받아 울리겠다고, 두개골이 깨어져 산산조각이 나더라도 아무 한이 없을 것이라고 노래했다.

"주문, 피청구인 대통령 윤석열을 파면한다."는 판결이 4월 4일 11시 22분 헌법재판소에 울려퍼지는 순간, 숨죽여 기다리던 모든 시민들의 함성은 육조 앞 넓은 길을 뒤덮었다. 울며 뛰며 딩굴며 넘치는 기쁨을 토하였다. 삼각산이 일어나 더덩실 춤이라도 추고, 한강물이 뒤집혀 용솟음 치는 날이었다.

우리의 그날은 1945년 광복을 맞이하고도 다 맞이하지 못했지만, 숱한 난관을 이겨냈다. 4·19, 5·18을 넘어 6월 항쟁과 촛불혁명을 거쳐 이제 비로소 온전히 우리 국민들의 힘으로 하느님의 보우하심으로 이루어냈다. 검찰과 내란잔당이 우리를 가로막아도, 레거시 미디어가 우리의 진실을 애써 숨기려고 해도, 광장에서 연대한 우리들은 우리의 손으로 민주주의를 이루어냈다.

오늘이 바로 그날. 이제 진짜 대한민국이 시작된다.

2장

국민과
함께한

이재명의
신념

01

당신이 몰랐던 이재명의 '동지'

동지 여러분,

동지가 무엇입니까?

힘든 길을 함께 걸어왔고

앞으로도 어렵고 긴 여정을 함께할

우리 함께하는 동지들!

우리 동지들은 동지를 위해 이웃을 위해,

이 나라의 미래를 위해

힘껏 나서 싸워야 한다.

맞습니까? 여러분!

힘을 냅시다. 동지!

꼭 이깁시다. 동지!

우리는 하나입니다.

무너진 민주주의를 다시 세워야 하지 않겠습니까?

우리 모두 동지를 믿고 국민을 위해

역사를 믿고 포기하지 말고

우리의 제대로 된 자리를 찾아서 함께 나갑시다.

- 2024년 11월 16일, 제3차 국민행동의 날·유튜브

2024년 11월 16일, 서울 광화문광장에서 열린 '제3차 국민행동의 날' 집회는 이재명 대표가 공직선거법 위반 1심에서 의원직 상실형을 선고받은 다음 날 개최된 대규모 장외 집회였다. 이날 집회는 비가 오는 궂은 날씨에도 불구하고 많은 시민들이 참석하여 광장을 가득 메웠다.

이날 이재명 대표는 시민들을 향해 '동지'라고 불렀다.

같은 뜻을 가졌기에, 혹독한 고통과 시린 운명을 같이할 수 있는 이들을 가리켜 동지라 부른다. 피 한 방울 섞이지 않았지만, 그에 대해 우리는 사랑하는 동지라 부를 수 있다.

하루하루 다가오고 있는 계엄의 밤을 예견이라도 했던 것일까?

이 어려움을 함께 이겨낼 동지는 과연 누구인가?

동지가 누구인지 알 수 없다면 광장에 나가보라. 누가 나의 동지인지 깨닫게 될 것이다. 수많은 동지들의 연대가 우리의 헛헛한 가슴을 위로하고, 뜨거운 사랑으로 감싸 줄 것이다. 함께 나아가게 될 것이다.

02
한강 작가 노벨문학상 수상

기쁨의 전율이 온 몸을 감싸는 소식입니다. 한국 문학의 쾌거, 굴곡진 현대사를 문학으로 치유한 한강 작가님의 노벨문학상 수상을 국민과 함께 축하합니다.

"역사적 트라우마에 맞서고 인간 삶의 연약함을 드러내는 강렬한 시적 산문"

그의 노벨문학상 수상을 알린 스웨덴 한림원의 찬사입니다. 한강 작가는 폭력과 증오의 시대 속에서 처절하게 인간의 존엄성을 갈구했습니다. "우리 안에 무엇으로도 죽일 수 없고 파괴할 수 없는 것이 있다는 걸 믿고 싶었다."는 그의 말을 마음에 담습니다.

단비 같은 소식에 모처럼 기분 좋은 저녁입니다. 오늘의 쾌거가 고단한 삶을 견디고 계실 국민들께 큰 위로가 되길 기원합니다.

- 2024년 10월 10일 오후 9시 13분 • 페이스북

2024년 10월 10일, 소설가 한강이 한국인 최초로 노벨 문학상을 수상하게 된다. 이 소식을 처음 접하는 순간, 탄성을 터뜨리지 않은 한국인은 거의 없을 것이다. 스웨덴 한림원은 한강의 작품을 "역사적 트라우마에 맞서고 인간 삶의 연약함을 드러내는 강렬한 시적 산문"으로 평가하며, 그녀를 "현대 산문의 혁신가"로 지칭했다.

그녀가 맞섰던 역사적 트라우마 중 하나는 1980년 5월 광주에서 계엄군이 자행했던 학살의 현장이다. 《소년이 온다》2014는 광주민주화운동의 비극을 다룬 소설로, '죽은 자가 산 자를 구한다.'는 문장은 이 작품에서 중심 주제이자 핵심 문장으로 등장하는 구절이다. 이 문장은 노벨 문학상 수상 소식으로 말미암아 많은 이들에게 널리 알려지게 된다. 서점에서는 책이 없어서 팔지 못할 정도였으니 말이다.

그런데 참으로 이상한 일이 벌어졌다. 이 일이 있고 나서 2달이 되지 않은 상황에 또 하나의 계엄을 경험하게 된 것이다. 왜 하필 이때에 이런 일들이 생겨났을까? 군부독재가 저질렀던 끔찍한 계엄의 공포를 겪어야 했던 이들의 이야기가 왜 전 세계인의 주목을 받았던 것일까? 민주주의를 위해 헌신했던 선인들이 우리를 향해 경종을 울린 것은 아니었을까?

한강 작가는 12·3 계엄사태가 발생한 일주일 후인 12월 10일, 노벨문학상 수상 연설에서도 "세상은 왜 이토록 잔인하고, 동시에 아름다울 수 있는가."라 말하며 자신의 문학적 동기를 설명했다. 맨몸으로 계엄에 맞섰고 계엄을 막아냈던 시민들이 오버랩되는 듯 하다.

03
김대중 정신이 필요합니다

흘러간 세월의 깊이만큼 그리움과 존경심이 두텁게 쌓여가는 사람이 있습니다. 15년이 지났음에도 여전히 김대중 대통령님이 그리운 까닭은 우리 모두 거인께서 온몸을 던져 열어젖힌 새로운 시대에 살아가고 있기 때문이겠지요.

김대중 대통령께선 민주주의와 인권, 평화를 위해 싸운 투사이자 나라의 미래를 설계한 유능한 살림꾼이셨습니다. 이상을 잃지 않되 현실에 뿌리내려 국민의 삶을 바꿔야 한다는 '서생적 문제의식과 상인적 현실감각'의 가르침. 자주 강조했던 '먹사니즘'의 뿌리이기도 합니다.

여전히 거인의 삶에 답이 있습니다. 민주당을 서민과 중산층의 당으로 바로 세우고 전대미문의 경제 위기를 이겨낸 유능함, 위기 속에서 복지국가와 문화강국의 초석을 닦고 새로운 성장 동력을 만들었던 혜안까지, 김대중의 길이 민주당의 길이고 대한민국이 나아가야 할 미래입니다.

- 2024년 8월 18일 오전 8시 28분 • 페이스북

이날 이재명 대표는 85.4%의 득표율로 당대표 연임에 성공한다. 역대 민주당 계열 정당에서 당대표가 연임에 성공한 것은 1995년~2000년 새정치국민회의 총재직을 맡은 김대중 전 대통령 이후 이재명 대표가 처음이다.

그래서였을까? 이재명 대표는 아침 일찍 김대중 대통령을 떠올리고 있다. 실용주의 노선으로 국민을 위한 살림살이에 최선을 다하겠다는 의지를 보여주는 것이라 하겠다.

두 사람은 모두 진보성향의 정치인으로 분류되지만, 좌우 이념에 경도되지 않는 '실용주의적 정치노선'을 강조했다는 점에서 공통된 특징을 지닌다.

김대중은 세계와 시장을 향해 열린 구조적 실용주의자, 이재명은 삶과 골목을 들여다본 생활 밀착형 실용주의자라는 점에서 약간의 차별성은 있겠지만, 두 사람 모두 이념을 도구로 삼고, 국민의 삶을 중심으로 두며, 정치를 '결과'로 증명하려 했던 실천가들이라고 할 수 있다. 두 사람은 다른 시대를 살았지만 같은 뿌리의 정치철학을 공유하고 있는 셈이다.

04
아침이슬처럼

아침이슬은 세상에 나온 지 2년만에
유신정권이 금지곡으로 지정했습니다.
이 곡을 작곡한 김민기 역시
오랜 세월 탄압받았습니다.
하지만 오늘 날 아침이슬은 세대를 넘어
온 국민이 애창하는 노래가 되었습니다.
국민을 탄압하고 자유를 억압한 정권은
반드시 심판받는다는 사실,
역사는 생생히 증언합니다.

아침이슬의 노랫말은
이 엄혹한 현실 속에, 모든 이의 가슴 속에,
우리가 가야 할 길이 어디인지 일깨우고 있습니다.

- 2024년 7월 22일 오전 11시 30분 • 페이스북

일제강점기 '독립군가'가 촛불 광장에서 목청껏 불려진다. '나가 나가 앞으로 나가'를 힘껏 외치며. 우리는 과연 어디로 나아가는 것일까? 1970년대 〈아침이슬〉은 '나 이제 가노라 저 거친 광야에 서러움 모두 버리고 나 이제 가노라.'라고 노래한다.

1980년대 〈임을 위한 행진곡〉에서는 '앞서서 나가니 산 자여 따르라.'고 선언하며, 소녀시대의 〈다시 만난 세계〉는 '수많은 알 수 없는 길 속에 희미한 빛을 난 쫓아가. 언제까지라도 함께하는 거야.'라고 노래한다. 이 모든 노래가 함께 불려지는 광장은 항상 감격스러운 공간이다. 어둠은 결코 빛을 이길 수 없다.

05
전쟁은 없어야 합니다

"전투를 앞둔 병사의 눈빛을 본 적 있는 사람이라면 전쟁하자는 말을 차마 하지 못할 것이다."
독일의 재상 비스마르크가 한 말입니다.
수많은 무명용사들의 희생에는 뼈아픈 교훈이 담겨 있습니다. 다시는 이 땅에 전쟁이 없어야 한다는 것입니다.
굳건한 평화야말로 최고의 '호국보훈'이라는 역사의 교훈을 되새겨야 합니다. 싸워서 이기는 것은 하책입니다. 싸울 필요가 없는 상태, 평화야말로 어렵지만 가장 튼튼한 안보입니다.

- 2024년 6월 6일 오전 8시 31분 • 페이스북

평화를 위해 헌신하려는 의지가 없는 세력들이 권력을 쥐다보니 전 세계가 섶을 지고 불구덩이로 들어가는 형국이다. 2차례의 세계대전을 차례로 겪었던 것이 채 100년이 되지 않았다. 이른바 냉전체제가 아슬아슬하게 유지되었던 것도 전쟁의 상흔이 얼마나 지독한 것이었는지 알고 있었기 때문이다.

그런데 이 시대를 살아가는 사람들은 그 큰 교훈을 다 망각한 것만 같다. 전쟁의 참상을 겪은 세대조차 전쟁을 논하는 지경에 이르렀으니 말이다.

전쟁이 비참한 것은, 적이라 규정된 이상 상대방을 죽이는 것이 합법적인 살인이 되기 때문이다. 계엄군이 시민을 폭도라 규정하고 총과 칼로, 로켓포로 사살하는 것도 마찬가지다.

그러나 법은 그것을 허락할지언정, 인간으로서의 양심에는 큰 상흔을 남기게 마련이다. 인간이 서로를 죽고 죽이는 전쟁을 막아내기 위해서 우리들은 모든 노력을 기울여야 한다.

부처님 가르침

부처께선 법당 안에 계시지 않았습니다. 길 위에서 태어나 번민에 빠진 중생들과 함께 호흡하셨습니다. 만인이 존귀하고 누구나 평등하다는 지혜의 말씀으로 모두를 일깨우셨습니다.

이 시대 정치의 책임도 다르지 않습니다. 하나하나의 생명에 우주의 무게가 담겨 있습니다. 국민의 생명을 천금같이 여기는 것은 국가의 기본 책무입니다. 결코 게을리하지 않겠습니다.

다른 생각을 화합하여 하나로 소통시키는 '원융회통'圓融會通 정신을 되새깁니다. 이 가치를 등불 삼아 우리 정치도 적대와 반목을 극복하고 오직 민생의 길로 정진할 수 있으리라 믿습니다.

- 2024년 5월 15일 오전 9시 58분 • 페이스북

싯달타는 대각을 이루었음에도 열반에 들지 않고 이 땅에 머물렀다. 구제해야 할 중생이 너무나 많았기 때문이었다. 더운 날씨에 탁발해 먹는 음식이 자주 상했기 때문에 그는 자주 배앓이를 했고 고통을 겪었다. 노년에는 몹시 쇠약해져서 누워서 가르칠 수밖에 없었다. 부처가 누워 있는 모습을 형상화한 와불臥佛이 탄생하게 된 경위다.

그가 이 글을 쓰기 한 달여 전에 더불어민주당은 제22대 총선거에서 값진 승리를 거두었다. 불과 몇 달 전만 해도 국민의 힘이 압도적인 승리를 거둘 것이라 예상되던 선거였다. 이런 착각은 어디에서 비롯되는 것일까?

자기 욕심에 사로잡힌 어리석은 인간들이 욕심에 사로잡혀 진실을 자주 망각하기 때문이며, 자기 욕심을 내려놓지 못하여 갈등하고 반목하며 나와 다른 상대방을 적대시하게 되기 때문이다. 적대감은 진실을 볼 수 없게 한다. 부디 대자대비하신 부처님의 가르침으로 우리가 큰 깨달음을 얻고 화해의 길로 나아갈 수 있기를 간절히 바란다.

07
예수님 가르침

예수께서 죽음마저 이겨내고 영원한 생명의 빛으로 돌아오신 부활절입니다. 예수께서 베푸신 사랑의 은혜가 온 누리에 함께하길 소망합니다.

부활의 영광 뒤에는 스스로를 던져 가장 힘없는 이들을 살려내고자 했던 모진 고난과 희생의 시간이 있었습니다.

어떤 어려움이 닥쳐도 가장 낮은 곳에 있는 국민의 삶을 지켜내는 길, 민생경제 한파를 맨몸으로 견뎌내는 국민의 버팀목이 되는 길, 이 시대 정치와 국가의 책무도 다르지 않습니다.

만물이 소생하며 다시 '살아남'을 누리는 부활의 계절입니다. 시련과 고통 속에서 회복과 도약을 향한 우리의 열망과 의지는 더욱 견고해졌습니다. 위대한 주권자의 힘으로 더 나은 내일을 위한 희망을 부활시켜 내리라 믿습니다.

- 2024년 3월 31일 오전 8시 18분 • 페이스북

2024년 4월 10일에 치러진 제22대 국회의원 총선거가 불과 열흘 앞으로 다가온 때였다. 예수가 부활의 영광을 입기 전에 겪어야 하는 것은 큰 고난의 길이었다. 사형수가 되어 십자가에 못박히는 참혹한 처형을 당해야 하는 것이다. 그렇다면 예수는 왜 그토록 쓴 잔을 받아마셨던 것일까? 그에게는 기적을 일으킬 만한 충분한 권세가 있었음에도 그는 왜 그 고난의 길을 걸어갔을까?

세속적인 지혜와 권세로는 세상을 바꿀 수 없다는 것을 잘 알고 있었기 때문일 것이다. 그는 순결한 어린양처럼 자신을 희생시켰고, 세상은 비로소 예수가 가르쳐준 사랑의 힘이 어떤 것인지를 알게 되었다. 예수의 사랑 안에서 우리가 서로를 용서하고 참된 희망을 찾게 되기를 간절히 소망한다. 그럼에도 불구하고 원수를 사랑하는 것은 너무나 어렵고 멀기만 하니, 신의 은총이 필요한 이유일게다.

08
국민께서 살려주신 목숨

국민 여러분께서 살려주셨습니다. 우리 국민 여러분께서 살려주신 목숨이라 앞으로 남은 생도 오로지 국민들을 위해서만 살겠습니다. 함께 사는 세상, 모두가 행복하고 희망을 꿈꾸는 그런 나라 꼭 만들어서 보답해드리겠습니다.

모두가 놀란 이번 사건이 증오의 정치, 대결의 정치를 끝내고 서로 존중하고 상생하는 제대로 된 정치로 복원하는 이정표가 되기를 진심으로 소망합니다. 상대를 죽여 없애야 하는 전쟁 같은 정치를 이제는 종식해야 합니다. 서로 존중하고 인정하고 타협하는 제대로 된 정치로 복원되기를 바랍니다.

- 2024년 1월 10일 오후 5시 32분 • 페이스북

정치인 암살을 통한 정적 제거는 우리 정치와 역사에 매우 오래된 상처의 기억으로 남아 있다. 일제강점기 독립운동가들도 일본 경찰들의 이간질로 서로 대립하고 반목하며 밀정이라 오해를 받아 죽는 사례가 발생하였다.

광복 후의 혼란스러운 상황에서도 여운형과 김구가 테러로 사망하는 사건이 벌어졌다. 만약 그때 그들이 죽지 않았다면 우리의 역사는 달라졌을지도 모른다.

이재명 대표가 2024년 1월 부산에서 피습사건을 당했던 것도 그 맥락 속에 놓여져 있다. 우리 역사가 소용돌이치며 질곡에 빠질 뻔했던 끔찍한 순간이었다. 그래서 이재명은 스스로를 '국민께서 살려주신 목숨'이라고 언급한다. 그리고 그는 성장했다.

밟히면 밟힐수록 강해지는 돌멩이 같은 존재가 이재명이다. 코너에 몰릴수록 더 강해지고, 더 많은 것을 학습하며, 크게 성장한다.

09
저절로 오지 않은 '서울의 봄'

우리의 자랑스러운 민주주의 역사는
순풍에 돛을 단 유람선처럼 오지 않았습니다.
어느 곳 하나 성한 데 없는 상처투성이의 모습으로
수많은 주권자의 피를 먹으며 자라났습니다.
잊지 않겠습니다.

'서울의 봄'이 저절로 오지 않았음을
똑똑히 기억하겠습니다.
피로 쟁취한 민주주의가 무너지지 않도록,
사적 욕망의 권력 카르텔이
국민의 삶을 위협하지 않도록
비극의 역사를 마음에 새기겠습니다.

절망적인 후퇴를 반복하는 것 같아도

역사는 늘 전진합니다.

- 2023년 12월 12일 오전 9시 1분 • 페이스북

1979년 12월 26일, 박정희 대통령 시해사건으로 기나긴 유신독재가 종식되었다. 민주화에 대한 열망은 '서울의 봄'으로 형상화되었지만, 전두환을 중심으로 한 12·12 사태로 서울의 봄은 군홧발에 짓밟혔다. 계엄군에 의해 5·18 광주민주화운동이 수많은 사망자 및 실종자와 부상자를 남긴 채 무력 진압되는 비극을 낳은 것이다.

이로부터 44년이 흐른 2024년 12월 3일 밤 10시 27분, 그토록 끔찍했던 계엄의 공포와 상처가 우리를 엄습해왔다. TV 중계를 통해 대통령이 계엄을 선포한 것이다.

이 글은 12·3 계엄사태가 일어나기 1년 전에 쓰인 것으로, 이재명 대표의 민주주의에 대한 결연한 의지가 담겨 있다. 그는 1년 전의 이 약속을 굳게 지켜냈다. 계엄이 선포되자 국회로 달려가 계엄해제 요구안을 통과시켰고, 대통령을 탄핵하였다. 국민을 지켜내기 위해 할 수 있는 모든 것을 쏟아 부었다.

물론 우리가 원하는 대로 모든 것이 순탄하게 풀려나가지는 않았지만, 과거가 현재와 미래의 스승이 되는 법, 더디지만 한결같이 발전해온 민주주의의 역사 속에서 우리도 예외가 없다는 사실을 깨닫는 소중한 기회가 되리라 믿는다.

10
인생을 긍정적으로

색이 바랜 일기장을 들춰봤습니다.

1980년 6월 10일 청년 이재명에게 대학은

"잘 살아보는 것도 나쁘지 않겠다."는

꿈을 이뤄줄 동아줄이었습니다.

"인생을 긍정적으로 아름답게

꾸며보겠다."는 다짐의 결론이기도 했네요.

- 2023년 11월 16일 오전 8시 · 페이스북

그가 대학을 다니게 된 데에는 여러 가지 신비한 힘들이 작용했다. 그중에 하나가 전두환 군부정권의 도움이다. 그는 당시 공장에 다니며 검정고시로 대학입학 자격을 얻어냈지만, 학비를 감당할 수가 없어 다시 공장에 취업해야 했다. 대학교 진학의 꿈을 버리지 않았지만, 경제적 어려움 때문에 어쩔 도리 없이 야간대학에 가야 한다는 생각을 하고 있던 터였다.

그런 상황에 전두환 군부 독재정권이 결정적인 도움을 준다. 졸업정원제를 실시하는 대신 학비에 생활비까지 대주는 특대생 장학금 제도를 실시한 것이다. 전두환의 정책을 미화하려는 것은 아니다. 이런 상황에서도 기회를 얻어낸 한 사람의 소년공을 기특하게 생각하는 것이다. 항상 신문과 뉴스를 잘 보는 습관 덕분에 이런 정보도 얻었을 것이며, 대학생이 되고자 했던 간절한 소망이 하늘에 닿은 결과일 것이다.

결국 이재명은 중앙대학교 법과대학에 특대생으로 입학하게 된다. 넉넉하지는 않았지만 특대생 장학금은 공장에 다니면서 벌던 월급보다 몇 배나 많았다. 아껴 써야 했지만, 아껴 쓸 수 있는 돈을 누군가로부터 지속적으로 받는다는 것은 너무나 큰 혜택이었다.

그래서 그는 처음으로 이런 생각을 하게 된 것이다. 염세적으로만 살아왔던 인생이지만 앞으로는 "인생을 긍정적으로 아름답게 꾸며보겠다"고, "잘 살아보는 것도 나쁘지 않겠다고". 자신 뿐만 아니라 세상을 모두.

11

어렵게 되찾은 빛

78년 전, 종속적 존재로서 숱한 핍박을 받던 우리는 비로소 자신의 이름과 나라를 되찾았습니다. 더 이상 지배당하지 않고 우리 스스로 판단하고 행동하고 책임질 수 있는 존엄한 주권자의 지위를 회복한 것입니다.

광복을 기념하는 일은 인간 존엄의 중요성을 다시 상기하는 일이기도 합니다. 어렵게 되찾은 주권을 우리는 얼마나 충실히 누리고 있는지, 이 사회가 인간의 존엄을 얼마큼 제대로 보장하고 있는지 점검하는 일은 중요합니다.

우리 개개인은 각각 우주의 무게를 가진 존재들입니다. 소홀히 대해도 되는 사람, 조금 억울해도 되는 사람이란 단 한 명도 없습니다.

어렵게 되찾은 빛을 흐리게 하는 일은 없어야 합니다. 누구도 책임지지 않는 세상, 각자도생으로 구성원을 밀어넣는 사회에선 결코 인간의 존엄을 보장할 수 없습니다. 누구나 존중받고 자신의 권리가 보장되는 세상을 만드는 일, 결코 소홀히 하지 않겠습니다.

- 2023년 8월 15일 오전 9시 43분 • 페이스북

광복절이란 이름은 우리가 일제의 식민지배에서 해방된 1945년부터 쓰인 것이 아니다. 본래는 '독립기념일'이라 불렸는데, 1949년 5월 24일에 대한민국 정부가 3·1절 3월 1일, 헌법공포기념일 7월 17일, 독립기념일 8월 15일, 개천절 10월 3일을 4대 국경일로 하는 안건을 국무회의에서 의결하고, 국회법제사법위원회에서 제정 과정을 거치면서 광복절로 수정된 것이다.

'광복光復'이란 잃어버린 빛을 되돌렸다는 것을 뜻한다. 그 잃어버린 빛은 누가 간직하고 있었을까? 일본인들이 세운 경성 시내의 백화점과 호화로운 음식점에 간직되어 있었을까? 아니다. 만세운동을 설득하려 어두운 고향 밤길을 밝히던 꽃다운 이화학당 여학생 유관순의 손에 쥐어져 있었다. 미국에서 일하며 훈련받고 공부하던 한인소년병학교 학생들의 머리맡에 등불로 놓여 있었다. 총독부의 눈을 피해 몰래 금서를 찍어내던 어느 후미진 인쇄소의 희미한 전등 속에 놓여 있었다. 뜻을 같이하던 지인들과 친구들이 하나둘씩 좌절하고 포기해도, 끝내 놓지 않았던 빛이 우리에게 분명 있었다.

그렇게 탄압받으면서도 결코 놓지 않았던 그 빛을 도로 찾았기에, 우리는 그 날을 가리켜 '빛을 되찾은 날'이라고 불렀다. 물론 대통령이 된 자가 그 빛을 스스로 짓밟았지만, 우리에게 다시 찾은 빛은 소중했다. 그 빛을 지키기 위해 우리 선인들은 각고의 노력을 기울여 왔다. 역사의 순간순간마다 우리는 단 한 번도 좌절하지 않았다.

그 빛은 지금도 언제 잃어버릴지 모르는 백척간두의 위기 속에 세워져 있지만, 포기란 배추를 셀 때나 쓰는 말이라는 것을 우린 너무나 오래 들어왔고, 스스로 입증해왔다. 우린 포기하지 않는다. 어둠은 빛을 가릴 수 없다.

우리는 지금 그 빛의 혁명을 수행하는 중이다.

12
낡은 이분법을 청산합시다

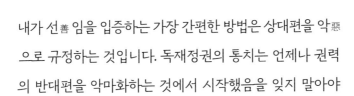

내가 선善임을 입증하는 가장 간편한 방법은 상대편을 악惡으로 규정하는 것입니다. 독재정권의 통치는 언제나 권력의 반대편을 악마화하는 것에서 시작했음을 잊지 말아야 합니다.

지금도 이러한 과오를 범하지 않는지 돌아봐야 합니다. 권력은 누군가를 편가르며 진실을 가리고 민주주의의 후퇴를 유발하는 것은 아닌지 끊임없이 스스로를 감시해야 합니다.

— 2023년 6월 10일 오전 8시 · 페이스북

대부분의 인생은 얼룩덜룩한 존재들이다.

얼룩덜룩하고 부족한 존재들이기에 나 자신과 다른 생각에 귀기울여야 한다. 오랜 시간 굳어져온 편견과 선입견에 사로잡혀 있는 것처럼 위험한 일은 없다. 세상은 빠르게 변화하고 있으며, 우리는 늙어가고 있기 때문이다. 어떠한 경우에도 시간 앞에서는 겸손해야 한다. 내 스스로가 민주주의를 후퇴시키는 역할을 하고 있는 것은 아닌지, 겸손하게 돌아보아야 한다.

그런 점에서 이재명 대표의 발언들이 과거에 비해 점차 변화하는 것도 있는 것을 나는 오히려 좋게 생각한다. 인권변호사 시절이나 성남시장 시절에 하던 이야기와, 지금의 이야기가 어떻게 똑같을 수 있을까?

그러니 쓸데없이 편가르기 하지 말고, 그가 변했다고 낙인찍지 말고, 이 격랑의 시대를 함께 헤쳐나가는 동지로서 함께 가야 할 길에 대해 준비하고 서로에게 공감하고 힘을 합치자. 그나마 기득권과는 거리가 먼 우리들이 동지의 연대마저 깨버린다면, 무엇으로 민주주의를 지켜내겠는가.

13

나였던 소년의 마음으로

"너였던 소년이 이끄는 대로 가라."

포르투갈의 소설가 '주제 사라마구'의 책에 나오는 한 구절입니다. 어린이날을 맞아 휘황찬란한 정책 약속보다도 '나였던 그 소년'을 거울삼아 어린이들이 행복한 나라로 나아가겠다는 다짐부터 드리고 싶습니다.

우리 모두 한때는 순수한 믿음을 갖고 있던 소녀, 소년이었습니다. 오늘을 열심히 살면 나와 내 가족에게 더 나은 내일이 올 거라고, 내가 꿈꾸는 대로 마음먹은 대로 무엇이든 될 수 있다고 굳게 믿었습니다. 저 또한 그랬습니다.

그러나 현실은 생각보다 냉정합니다. 성실한 하루하루가 배신당하는 삶을 살다 보면 순수한 마음은 사라지고, 때 묻은 어른의 마음이 그 자리를 차지합니다. 그렇게 현실에 적응해 어른이 되어가면서도 가끔은 마음 한 편에 꿈 많던 아이가 아른거리곤 합니다.

어쩌면 우리가 그 어린이의 외침에 더 많이 응답할수록, 조금 더 나은 세상에 살 수 있지 않을까요. 그래서 '어린이는 어른의 스승'이라고 말하는지도 모르겠습니다.

쉽지 않겠지만 한때 우리였던 아이가 이끄는 대로 가보려 합니다. 국민 여러분 마음 속 소년, 소녀와도 함께 가겠습니다. '나였던 소년'의 마음으로, 어리지만 든든한 길잡이를 따라가겠습니다.

- 2023년 5월 5일 오전 9시 1분 · 페이스북

예수는 마태복음 18장 3절에서 "나는 분명히 말한다. 너희가 생각을 바꾸어 어린이와 같이 되지 않으면 결코 하늘 나라에 들어가지 못할 것이다."고 이야기한다. 아이들이 예수님께 가까이 오는 것을 막는 제자들을 꾸짖기도 하셨다. 예수님은 그 스스로 하느님을 아빠라 부르는 아이와 같은 존재였다.

불교에서는 어린이의 웃는 얼굴이 부처님 웃음이라 이야기하고, 동자승을 천진불이라 부른다. 부처님의 아들 라훌라는 7살에 출가하였는데 최초의 동자승이다. 세상의 먼지가 묻기 전에 출가하여 깨달음을 이루고자 하는 것은 모든 스님들의 염원이다.

그가 '나였던 소년의 마음'을 간직하겠노라고 다짐하는 것은 초심을 다지는 모습이다. 2018년 경기도지사 지방선거 당시 연재했던 《이재명의 나의 소년공 다이어리》 마지막 장에 실렸던 삽화가 전하던 메시지와 닿아 있다.

당시에도 흑색선전이 매우 극심했는데, 나는 그가 이 과정을 거치면서 상처를 입지 않기를 바라는 마음을 갖고 있었다. 어떻게든 이겨내야 할 과정이겠지만, 이 과정에서 그의 순수한 마음을 상실한다면 그보다 더 큰 손해는 없을 것이기 때문이다.

그래서 인권변호사의 길을 선택하는 갈림길에서 어른이 된 그가, 소년공이었던 자신을 안아주는 모습으로 삽화를 연출했다. 그 마음 영원히 잊지 말라는 노파심이라고나 할까.

14

깡패와 대통령

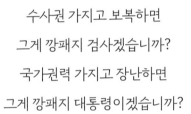

수사권 가지고 보복하면

그게 깡패지 검사겠습니까?

국가권력 가지고 장난하면

그게 깡패지 대통령이겠습니까?

- 2023년 2월 22일, JTBC 유튜브채널, 윤석열 대통령을 향해

그런 사람에게 모두 속았다.

국민의 힘만 속은 게 아니고 더불어민주당도 속았다.

그래서 1찍이니 2찍이니 과거 일에 대해서는 서로 비방할 필요도 없을 듯 싶다. 그런 과거사에 얽매여 있기에는 시간이 아깝기 때문이다.

다만 또 다시 속아서는 아니 될 것이다. 검사들이 수사권 갖고 보복하거나, 대통령이 국가 권력을 가지고 장난치는 깡패 짓을 다시는 할 수 없는 구조를 만들어야 할 것이다. 그러나 과연 법으로 정의를 구현할 수 있을지 고민할 필요가 있다.

우리는 이번 기회에 뼈저리게 체험했다. 문제를 해결하기 위해 만들어낸 법이 오히려 더 큰 폭력을 만들어내거나, 아무 효용이 없이 오히려 혼돈만 가중시킬 수도 있다는 것을. 사람을 해치는 괴물 멧돼지를 잡아야 한다는 것에 전 국민이 뜻을 같이한다 해도, 괴물 멧돼지를 잡을 능력이나 의지가 없다면 결코 잡을 수 없다는 것을.

혹여 백해룡 경정 같은 경찰이 있어서 마약사범을 잡으려고 해도, 난데없이 윗선에서 막는 사례가 실제로 발생하니 어떻게 문제를 해결하겠는가? 영화에서도 마동석 같은 경찰이 깡패 두목 하나 잡으려면 자기 몸 부서질 정도로 싸워야 겨우 잡을까 말까 하는 수준이다.

결론적으로, 깡패는 잡기 어렵다. 깡패한테 뇌물받은 경찰과 검찰이 쫙 깔렸으니 더더욱 그렇다.

15

정책에는 색깔이 없습니다

좋은 정책에 정치적 색깔이
따로 있을 수 없습니다.
국민의 삶을 반 발짝이라도 전진시킬 수 있다면
상대의 정책이라도 빌려 써야 합니다.
전임 정부 정책이라고 무조건 부정한다면
국정의 성공은 불가능할 것입니다.

- 2022년 12월 14일 세종 현장 최고위 발언에서

좋은 정책은 누가 내놓았느냐가 아니라, 국민의 삶을 실제로 개선할 수 있느냐가 관건이다. 물론 현실정치에서 여야의 경쟁이 치열하고, 정부가 바뀔 때마다 정권이 달리 추구하는 가치와 노선도 달라진다. 그럼에도 "상대의 정책이라도 빌려 쓰자."는 말은, 국민을 중심에 두는 통합의 정치를 꿈꾸게 한다.

과거를 전면 부정하고 새로운 것을 시작하는 것이 정치적 업적 같아 보이는 착시효과가 있는 것은 사실이다. 그러나 이렇게 전임 정부의 성과까지 무조건 지워버린다면, 좋았던 정책마저 수혜자가 줄어들고, 행정의 연속성이 깨지게 마련이다. 결국 피해를 입는 것은 국민이 된다.

어쩌면 우리는 지금 '정책'이 정치적 공방의 도구로만 사용되는 모습을 너무 자주 보고 있는지도 모른다. 하지만 "국민의 삶을 반 발짝이라도 전진시킬 수 있다면"이라는 문장에 답이 있다. 누가 시작한 정책이든, 효과적이고 국민에게 유익하다면 지속하고 발전시키는 것이 마땅하다. 국정의 성공이란, 이념이나 진영을 뛰어넘어 합리적인 정책들이 이어질 때 비로소 가능해지기 때문이다.

결국 좋은 정책이란 '모두를 위한 공익'을 지향해야 한다. 정치적 이해관계보다는 국민 한 사람 한 사람에게 어떤 실제적 변화를 가져다줄 수 있는지를 살펴보는 일, 그리고 효과가 입증된 정책은 당적을 가리지 않고 활용·발전시키는 유연함이야말로, 진정으로 국민 앞에 책임지는 정치가 아닐까.

이 한 문장을 다시 떠올려본다.

"전임 정부 정책이라고 무조건 부정한다면, 국정의 성공은 불가능할 것입니다."

좋은 정책은 정권의 것이 아니라 국민의 것이고, 그 주인공도 결국 국민이 되어야 한다.

16
권한과 책임은 비례합니다

국민의 생명과 안전을 지키기 위해
언제나 일선에서 애써주셔서 감사합니다.
권한에는 책임이 따릅니다.
권한의 크기만큼 책임지는 것이 도의에 맞습니다.
국가적 대참사에 대한 엄중한 책임이
일선에서 분투하셨던 분들께 전가되어선 안 됩니다.

- 2022년 11월 2일 용산 소방서 방문 간담회에서

2022년 10월 29일 22시 15분경, 이태원에서 대형 압사 사고가 발생하였다. 당시 이태원에는 핼러윈 데이를 앞두고 많은 사람들이 몰려 있었으며, 해밀톤 호텔 앞 좁은 골목길 경사로로 인파가 밀리면서 사상자가 다수 발생했다.

모두가 즐겁게 보내야 할 축제였던 핼러윈 데이가 비극으로 바뀌었던 그날, 현장에서 분투했던 소방대원들은 목숨을 걸고 국민을 지키고자 뛰어들었다. 긴박하고도 위험한 상황 속에서 최선을 다했다는 사실만으로도 이미 큰 감사와 존경을 받기에 충분하다.

그럼에도 참사 이후 책임을 둘러싼 논란이 계속되고 있다. 이 글은 '권한에는 책임이 따른다.'는 분명한 원칙을 되새긴다. 권한이 클수록 책임 역시 커지는 것은 지극히 당연하며, 최종적인 책임은 가장 높은 곳에서 지는 것이 맞다. 최전선에서 뛰며 실질적인 구조와 대응을 해온 이들에게 책임이 전가된다면, 그것은 되려 국가의 존재 이유를 뒤흔드는 일일 것이다.

17
안타까운 현실

제가 알기로는 고학력·고소득자들,

소위 부자라고 불리는 분들이

우리 민주당 지지자가 더 많습니다.

저학력에 저소득층이 국힘 지지가 많아요.

안타까운 현실인데, 언론 때문에 그렇지요.

언론 환경 때문에…

- 2022년 7월 29일, 본인의 유튜브에서

자기 자신도 학교를 다니지 못하고 공장에 다니며 돈을 벌어야 했던 궁핍했던 어린 시절이 있었다. 그때 그는 가짜 뉴스로 도배된 레거시 미디어에 속아서 광주민주화운동이 폭도들에 의해 일어난 것이라 잘못 생각했다고 이야기한 바 있다. 그는 대학에 들어가고나서야 비로소 실상을 알게 되었으며, 이 일은 두고두고 자신에게 트라우마가 되었다고 이야기한다.

정부가 언론을 이용하여 국민의 귀와 눈을 틀어막는 일은 군부독재 시절만의 이야기가 아니었다. 윤석열 정부는 대통령 스스로가 극우 유튜브 채널과 언론을 즐겨보면서 지원금을 주는 반면, 자신을 비판하는 미디어는 방송통신위원회를 통해 노골적으로 탄압하는 모습을 보여주었다.

또한 국민들이 자신의 알 권리를 바로 행사하기 위해서는, 자신이 원하지 않는 진실의 참혹한 진면목을 받아들일 각오가 되어 있어야 할 것이다. 그것이 성숙한 민주시민으로서의 자세일 것이다. 이상을 꿈꾸지만 당장 이상을 이룰 수가 없을 때에는 차선을 택하는 지혜도 발휘되어야 한다. 많은 정보를 폭넓게 수집하더라도, 그것을 정리하고 판단하는 일은 스스로에게 달려 있다.

정보를 올바르게 이해하고 분석하며 상황에 맞게 활용

하는 미디어 리터러시 능력을을 키우지 않는 한, 쏟아지는 정보의 홍수 속에서 까딱하면 떠내려가기 십상인 세상을 살고 있으니 말이다.

18

유난히 깊고 긴 밤에

밤을 지나지 않고 새벽에 이를 수 없습니다.

유난히 깊고 긴 밤을 지나는 지금 이 순간,

동트는 새벽이 반드시 올 것으로 믿겠습니다.

고맙습니다.

- 2023년 2월 10일 오전 11시 54분, 페이스북

그의 인생을 되짚어 보면 그가 얼마나 길고 긴 새벽을 보내왔는지 공감할 수 있다. 그 순간에도 그는 포기하지 않았고, 동이 틀 것이라는 기대를 놓치 않았다. 지금 이 순간에도 우리는 그런 칠흑 같은 새벽을 보내고 있다. 그 어둠을 어떻게 이겨낼 것인가는 스스로 선택할 일이다. 쉽게 흔들리는 우리에게 그가 걸어온 삶은 좋은 본보기가 되어준다.

그래서 그를 반대하는 이들이 그토록 많은가보다. 그럴 때마다 나는 그들에게 묻고 싶어진다. 무엇이 그토록 두려운 거냐고. 그를 악마화하는 이유가 무엇이냐고. 칠흑같이 어두운 밤이어서 그들이 아무리 몸부림칠 수 있다 할 지언정, 새벽은 오게 마련이다. 언젠가는.

19
왕따의 법칙

누군가를 왕따시키려고
끊임없이 노력하면
마지막에 왕따가 되어 있다.

- 2023년 2월 14일, 이소영 의원과의 대담에서

과연 누가 왕따일까?

이재명 대표의 지지율은 점점 더 높아지고 있다.

그를 비판하는 이들의 지지율은 점점 더 낮아지고 있다.

그를 끌어내리고 싶어서 아직도 막무가내로 몸부림치는 이들이 있는데, 그럴수록 그들의 입지는 좁아지고 있다. 그토록 어리석은데 어떻게 이 나라의 지도자가 되려고 하는 것인지 이해할 수가 없다.

이재명을 싫어하는 국민들도 마찬가지다. 그렇게 그가 싫어서 윤석열을 대통령으로 만들었는데, 그 결과는 어떠한가?

그 결과를 인정하기 싫어서 그릇된 믿음과 편견에 사로잡혀 선거 음모론에 빠지는 행위야말로, 결국 자신을 왕따로 내모는 것이 아닌가?

20
일본을 끌어들여

일본을 끌어들여
한·미·일 합동 군사훈련을 하면
일본 자위대를 정식군대로
인정하는 것으로 해석될 수 있다.
극단적 친일 행위로
대일 굴욕외교에 이은
극단적 친일 국방이 아니냐는 생각을
할 수밖에 없다.

- 2022년 10월 7일, 최고위원회의에서

윤석열 정부의 일본에 대한 태도는 참으로 남달랐다. 그가 그토록 존경한다는 이승만의 입장과도 많은 차이가 있었다. 이승만은 적극적인 반일을 표명해왔기 때문이다.

그런 점에서 윤석열 정부의 일본에 대한 태도는 심도 있게 분석해볼 필요가 있다. 그것이 미국 바이든 정부와 일본 자민당 사이에 낀 외교적 문제 때문일지도 모를 일이다.

자위대 군사화는 일본 헌법의 평화주의 원칙에도 맞지 않으며, 일본 민주주의 후퇴를 불러일으켜 수 있는 사안이다. 여하튼 그런 선택이 우리나라의 실리에 도움이 되긴 어렵다는 것이 전문가들의 일반적인 견해이다.

다행인 것은 더불어민주당이 이 모든 일들에 대해 예사롭게 보고 있지 않았다는 점이다. 그 점에 대해 고맙게 생각한다. 우린 그렇게 호락호락하지 않으며, 모든 것을 두 눈 똑바로 뜨고 지켜보고 있다.

21

좋은 정책이란

누가 주장했든, 필요한 일은

함께하면 되는 것이죠.

정책에는 저작권이 없습니다.

좋은 정책은 다 같이하면 되는 것이죠

- 2022년 5월 26일, 2022년 6월 보궐선거
계양구을 후보자 토론회 발언에서

정책에는 저작권이 없다는 말이 마음에 와 닿는다. 정책은 공유지의 영역이며 그 공동체의 운영과 미래를 위한 규칙이다. 공유지를 망쳐버릴 것인지, 공유지를 복된 땅으로 만들 것인지는 우리들에게 달려 있다. 공유지의 비극을 극복하고 모두가 행복하게 살아가는 공유지의 기적을 이룩한 사례는, 노벨경제학상 수상자인 엘레나 오스트롬의 연구 성과에서 만나볼 수 있다.

모두를 이롭게 하는 성과를 거둔 좋은 정책은 모든 영역에서 폭넓게 사용되어야 한다. 이재명 대표는 성남시장과 경기도지사를 지내면서 실용적인 도움이 되는 창의적인 정책을 효율적으로 시행한 바 있다. 공약이행률 95%라는 기록은 그가 시정과 도정을 계획할 때 단 한 번도 허투루 대하지 않았다는 것을 보여준다.

3장

20대
대통령 후보
이재명의
약속

01

과거가 미래를 보증합니다

현재의 거울에 비친

과거가 바로 미래입니다.

누군가의 미래가 궁금하면

그의 과거를 보아야 합니다.

- 2021년 7월 1일 대선출마 선언에서

말이 아니라 행동으로 평가하는 것은 정치인뿐만 아니라 모든 인간에게 적용되어야 한다. 달콤한 말로 때우는 사람들은 결국 허당일 뿐이다. 작은 문제라도 실제적으로 해결해나가는 사람들은 귀한 존재들이다. 사람을 평가하는 세상의 수많은 잣대는 과연 공정할까?

구약성서에는 이런 구절이 있다.

'야훼께서는 두 가지 저울추를 쓰는 것을 역겨워하신다. 저울눈을 속이는 것은 옳지 않다_{잠언 20:23}'

고사성어에는 '녹피왈자 鹿皮曰字'라는 말이 있다. 사슴 가죽에 쓰인 '가로 왈'曰 자는 잡아당기는 대로 '날 일'日도 되고 '가로 왈'曰도 된다는 뜻으로 그때마다 달리 적용되는 기준을 비판하고 있다.

실제로 조국 전 장관의 딸은 장학금 문제로 온 가족이 극심한 핍박을 당했는데, 비슷한 의혹을 받고 있는 보수 진영 정치인들은 완전히 다른 대접을 받고 있다. 김성태 전 의원은 같은 당이면서도 또다른 대접을 받았으니. 왜 이런 차이가 발생하는 것인지는 알 수가 없다.

굳이 이야기하자면, 서울대 출신에 보수정당 소속이라는 공통분모가 존재한다고나 할까. 그런 점에서 이재명은 그중에서도 최악인 셈이다. 그렇게 사람을 평가하니 인재

를 알아보지 못한다. 보수든 진보든, 학벌과 출신이 어떻
든, 실력과 성과로 사람을 평가하는 세상이 오기를 바랄
뿐이다.

02

털어도 먼지가안 나도록

공직자는 털어도

먼지가 안 나도록

준비해야 됩니다.

- 2021년 7월 2일, 비대면 기자간담회에서

검찰독재는 참으로 가혹한 것이었다. 검찰독재의 위험성을 한 마디로 설명하면, 수사권과 기소권을 독점한 조직이 정치에 개입하면 법은 권력을 감싸는 도구로 전락하고 법의 공정성이 무너진다는 데 있다. 누군가의 죄는 차고 넘치는데도 계속 덮어주고, 누군가의 죄는 없는 죄를 만들어가며 사지로 몰아넣었다.

검찰이 그토록 털었는데도 이토록 안 나온다는 것은 그가 말한 대로 살아왔다는 것을 의미한다. 그에게 향했던 시선도 이젠 바뀌어야 할 때가 되었다. 기울어진 운동장에서 고군분투해온 그의 가치를 인정해줄 때가 된 것이다.

"보증도 담보도 없는 정치인의 말은 그의 말이 아니라, 그의 과거 삶에서 그의 실적에서 그의 미래를 보아야 한다."

그의 이 말처럼, 이제 먼지털기는 그만 두고 그가 쌓아 올렸던 실적에 대해 올바르게 평가하고, 이 나라의 미래를 위해 함께 힘을 합해야 할 때가 아닐까?

물론 살아 있는 한 인물에 대해 신뢰를 가진다는 것은 결코 쉬운 일은 아니며, 나 역시 그러한 두려움을 갖고 있는 사람 중의 하나였다. 역사를 전공한 사람으로서 살아 있는 정치가에 대해 이야기하는 일은 쉽지 않은 일이었기 때문이다.

그러나 그는 결코 우리를 실망시키지 않았다. 그는 좌절하지 않았고, 죽음의 문턱까지도 갔다가 더 크게 살아서 돌아왔다. 살아온 날들이 살아갈 날들이 되는 것처럼, 그가 살아온 나날들이 이미 역사가 되어 있다. 그 역사의 미래가 어디로 향할 것인지는 우리들에게 달려 있다.

03
포퓰리즘이라 비난받아도

포퓰리즘으로 비난받은 정책을
많이 성공시켜 인정받았다.
앞으로도 그냥 포퓰리즘을 하겠다.
무상교복, 무상급식, 무상산후조리 등
온갖 정책들이 다 포퓰리즘이라고 공격받았지만
지금은 다들 좋아하고
전국적으로 확대됐다.

- 2021년 8월 10일, 〈이동형 TV〉에 출연하여

2020년 프란치스코 교황은 교황청의 궁전을 개조해 노숙자 쉼터로 제공하였다. 노숙자를 위해 처음 문을 연 날 교황은 새로운 건물을 축성하면서 "아름다움이 치유한다."고 강조했다. 그는 노숙자들을 생일에 초대하였고, 발을 씻겨주었다. 그들이 아름다운 공간에서 쉬고 치유받기를 원하였던 것이다. 아름다움이 사치품이 아니라, 인간의 존엄과 희망을 되살리는 도구가 될 수 있음을 보여준다.

가난은 뿌리 깊은 사회구조의 문제이며, 경제적 문제뿐만 아니라 심리적인 위기를 동반하기 때문이다. 따라서 사랑이 없이는 가난한 삶은 치유될 수 없으며 극복될 수 없다.

그런 점에서 교육정책과 복지정책은 사랑의 마음에서 접근해야 할 필요가 있다. 인격에 대한 존중이 우선되지 않는다면, 돈은 돈대로 쓰고 실제적인 성과는 누리지 못할 것이다. 어느 잔칫집에서 가난한 자와 부자들을 달리 대접한다면 그 잔치가 흥겨울 수 있겠는가?

04

개혁의 본질

개혁이라고 하는 것은 우리가 너무 잘 아는 것처럼, 기존의 나쁜 시스템을 좀 더 나은 시스템으로 만드는 것이고 그것은 결국 기존보다는 더 많은 사람이 더 많은 혜택을 보게 만드는 것이기 때문에, 본질적으로 반대로 얘기하면, 기존에 더 많이 혜택을 보던 소수가 반발을 할 수밖에 없다는 것, 개혁은 본질적으로 저항 그 자체인 것이죠. 반발 그 자체일 수밖에 없습니다.

- 2021년 10월 15일, 더불어민주당 의원들과의 상견례에서

개혁은 쉬운 일이 아니다. 하물며 매우 개인적인 영역에서 살고 있는 집을 인테리어를 한다 해도, 골치 아픈 일이 한두 개가 아닌 것과 마찬가지다. 일단 공사를 해야 하니 집을 비워야 하고, 공사기간 동안 다른 집에 가서 지내야 한다.

음료수라도 돌리면서 같은 라인에 살고 있는 아파트 주민들의 양해도 구해야 한다. 돈 주고 시키는 일인데도 인테리어 업자한테 무조건 믿고 맡겨놓을 수만도 없다. 내가 원하는 대로 제대로 진행되는지 살펴야 된다.

그러니까, 변화란 것은 참 어렵고 힘든 일이다. 내가 원해서 내 돈 들여서 하는 일인데도, "내가 뭐하러 이 짓을 시작했나?" 하는 마음이 들게 마련이다. 그러니 이해가 상충하는 여러 사람들이 함께 진행해야 하는 개혁이란 본질적으로 시끄러울 수밖에 없는 일이다.

다만 시끄럽고 복잡한데도 그 일을 감수해야 하는 것은, 모든 사람이 다 함께 더 좋은 세상을 살아가기를 바라는 마음에서 우리의 생각이 공감대를 형성하기 때문이다. 다행히 이런 기본적 가치에 공감하는 성숙한 시민들이 우리나라에 더 많으니 참으로 복된 일이다.

05

빛과 그림자

빛과 그림자가 있다.

하지만 빛의 크기가 그늘을 덮지는 못할 것.

- 2021년 10월 27일, 노태우 전 대통령을 조문하며

같은 죄를 지었다 해도, 죗값을 치르는 모습은 사람마다 다르다.

개인 한 사람뿐만 아니라, 그를 둘러싼 가족들이 어떤 사람들이냐에 따라 달라진다. 끝까지 벌금을 내지 않고 반성하지 않으면서 다양한 방식으로 재산을 빼돌리던 전두환과 노태우는 많은 차이를 보인다.

그것이 노태우 스스로의 판단이었든, 아니면 앞으로 살아가야 할 가족의 미래를 위한 가족들의 선택이었든간에, 우린 그들의 행보에 대해 조금씩 용서하는 마음을 주게 된다.

그럼에도 불구하고 그 빛의 크기에는 한계가 있다. 그가 저지른 죗값이 너무나 크기에 그 빛이 그늘을 다 덮을 정도는 되지 못하는 것이다. 안타깝기도 하고 안쓰럽기도 하며, 당연하다는 생각도 든다.

빛과 그림자는 모든 이들에게 해당되는 문제이다. 그 누군들 행여 실수하거나 잘못한 일이 있지 않겠는가? 역사 앞에서 항상 겸손해야 할 이유는 여기에 있을 것이다.

그러나 그 한 번의 실수로 영원히 낙인찍혀서도 아니될 일이다. 그 누구나 남은 인생에는 빛의 크기를 키워서 자신의 드리워놓은 그늘을 상쇄하려는 노력을 해야 할 것이

다. 누구에게나 그럴 수 있는 기회는 주어져야 한다. 노태
우 전 대통령도 좀더 적극적으로 자신의 그림자를 지우려
는 노력을 했다면 좋지 않았을까 싶다.

06

역사의 법정은 계속된다

현실의 법정은 닫혀도

역사의 법정은 계속됨을

기억하시기 바란다.

- 2021년 12월 24일, 박근혜 전 대통령 사면에 대한
입장을 말하며

안쓰러운 운명을 가진 한 사람이 여기에 또 있다. 노태우가 친구인 전두환의 영향을 받았다면, 박근혜는 아버지의 영향을 크게 받았을 것이다. 이 사람을 대통령의 자리에 이끌어낸 사람들은 누구이며, 이 사람을 탄핵의 자리로 내몬 사람들은 누구인가? 2017년의 대통령 탄핵이 2025년보다 수월했던 것은 당시 보수당이었던 자유한국당이 앞장섰기 때문이며, 검찰과 레거시 미디어가 적극적으로 거들었기 때문이었다.

그때부터 박근혜 탄핵의 억울함에 대해 이의를 제기하는 보수진영의 목소리가 있었는데, 그 이야기에 귀기울여 볼 만한 점이 있다는 것은 한참 뒤의 일이었다. 그 점에 대해 안타까운 점이 있기 때문이었을까? 문재인 정부는 박근혜 전 대통령을 사면하기에 이른다.

이재명은 이에 대해 현실의 법정은 닫혀도 역사의 법정이 계속됨을 기억하시기 바란다고 밝혔다. 이 문제는 계속 밝혀져야 할 부분이 있다는 것을 의미한다. 특히 윤석열이 문재인 정부의 검찰총장이 되어 검찰개혁을 내세우면서, 자신의 잇속을 차리는 데에만 골몰했던 죄값은 반드시 치러야 할 것이다. 역사의 법정뿐만 아니라, 현실의 법정도 다시 열릴 것임을 굳게 믿는다.

07

이재명은 심는 겁니다

이재명을 뽑는다고요?

이재명은 심는 겁니다.

- 2022년 1월 4일, 탈모 건강보험
공약을 밝히며

참으로 유쾌한 대선공약이었다. 이재명을 대통령으로 뽑는 것은 미래와 희망으로 심는 것과 마찬가지라는 의미를 부여하고 있다.

이재명은 현재를 유지하고 보완하는 일에도 최선을 다하지만, 거기에만 머무르지 않고 항상 미래를 내다보고 보다 나은 미래를 위해 일하는 정치인이다.

희망적인 미래란 '꿈을 꾸는 것'에서 시작한다.

교복 구입할 돈이 없는 청소년에게는 교복을 무료로 입는 꿈. 학교 준비물을 챙겨줄 겨를이 없는 학부모들에게는 학교에서 준비물을 알아서 챙겨주는 꿈. 과일을 사먹을 여유가 없는 청년들에게는 지역화폐로 과일을 사먹는 꿈. 낡은 자전거를 무상으로 수리받을 수 있는 꿈. 고민이 되는 청년탈모 치료비를 지원받을 수 있는 꿈. 군대에서 사고를 당하면 치료비를 보험으로 지급받을 수 있는 꿈.

피부에 와닿는 감동적인 정책이란, 이런 소소한 꿈들을 현실화시키는 가슴 따뜻한 사랑이 있어야 가능한 것이 아닐까?

08
상대원 시장에서

억울한 사람이 없어야 합니다.
최소한 다음 세대는 나보다
더 나은 삶을 살 수 있다고 믿어지는 세상이라야
아이도 낳고 꿈을 가지고 살 수 있지 않겠습니까?

제가 하는 모든 일은 우리 서민들의 삶과
이재명의 참혹한 삶이 투영되어 있습니다.

- 2022년 1월 24일, 상대원 시장 연설에서

그가 인권변호사의 길을 선택하게 된 것은 '억울한 사람들을 도와주는 일'을 하고 싶어서였다. 그는 배우지 못하고 돈도 없는 사람들이 어떤 삶을 살아가게 되는지 뼈저리게 경험한 장본인이다. 그래서 악착같이 공부를 했고, 사법고시에 도전하여 변호사가 되었다.

다른 도시로 간 것도 아니고, 청소년기 이후 자신의 성장기를 보낸 성남의 인권변호사가 되어, 지역의 노동운동, 시민운동을 함께하였다.

특대생 장학금을 받고 대학에 입학했던 일이 그에게 '잘 살아봐야겠다는 꿈'을 가지게 했고 '긍정적으로 삶을 아름답게 꾸며봐야겠다.'고 결심하게 했던 것처럼, 가난하고 억울한 사람들을 돕는 일은 그들의 꽉 막힌 삶을 뚫어주는 마중물이 될 수 있을 것이라는 생각에서였을 게다.

자신의 힘들었던 과거를 잊지 않고 비슷한 어려움을 겪는 이들에게 빠짐없이 돌려주고자 노력하는 것. 그것이 이재명의 '변함없는 약속'이 아닐까.

09

전쟁이 나면 안 되는 이유

전쟁이 나면 죽는 건 청년들이고,

군사 긴장이 높아지면

안 그래도 어려운 경제는 더 악화한다.

- 2022년 1월 24일, 윤석열 사드 추가 배치
공약 논란에 대한 답으로

정말 큰일을 낼 뻔 했다. 뭔 일을 하려 했는지 아직 다 파악이 되지는 않았지만, 우린 그 험악한 일을 막아냈다.

특히 사랑하는 아들들을 군대에 보낸 부모님들은 가슴을 쓸어내렸다. 강원도 화천군 오음리에서, 강화도 앞바다에서, 무슨 일이 벌어질지 알 수 없는 일이었기 때문이다. 앞으로 제대로 밝혀져야 할 일들이 많을 것이다.

여하튼 전쟁의 참화가 코앞에까지 닥쳐왔는데, 다행히 피해갔으니 하느님이 보우하사 우리나라 만세가 아닐 수 없다. 또한 이 나라의 평화를 지켜내기 위해서 양심껏 행동했던 군인들과, 그 위기를 미리 눈치채고 막기 위해 노력했던 이름이 알려지지 않은 많은 분들께 감사의 마음을 드린다.

윗 사람이 시키는 대로 하는 것이 보통 실무자의 책임이자 의무라면, 최상위 가치인 '평화'를 지키기 위해선 맨 꼭대기에 계신 '신'의 명령에 순종할 필요가 있지 않을까? 모든 사람이 신의 피조물이니, 누가 누구의 목숨을 허투루 빼앗을 수 있을까?

10

위기 때 진짜 실력이 드러납니다

여러분 쇼트트랙 보셨죠?

직선에서는 순서가 잘 안 바뀝니다.

곡선에서, 코너에서 역전이 일어납니다.

위기를 기회로 만들어야 역전이 가능합니다.

세계 10대 강국을 만든 국민은 충분한 역량이 있습니다.

문제는 리더의 능력입니다.

위기도 이겨내 본 사람이 이겨내는 것입니다.

국정은 연습하는 자리가 아닙니다.

위기를 기회로 만들어내는 삶을 살아온 사람에게

대한민국의 미래를 맡겨 주십시오

- 2022년 2월 19일 전주 유세에서

쇼트트랙의 곡선 코스는 현실세계와도 닮았다. 평온한 시기에는 눈에 띄는 변화를 만들어내기 쉽지 않지만, 오히려 위기나 난관이 닥쳤을 때 상황을 뒤집을 수 있는 결정적 기회가 생긴다.

3년도 되지 않은 상황에서 대통령이 파면되는 상황을 또다시 맞이하고 보니, "국정은 연습하는 자리가 아니다." 라는 말이 몹시도 무겁게 들린다. 이제 우리는 지난 대선에서 이재명 후보가 이야기하던 "위기를 기회로 만드는 리더십"을 되살려 낼 필요가 있다. 트럼프발 관세폭풍 등 새로운 위기가 도처에서 발생하고 있는 시점이기에 더욱 그렇다.

그의 인생은 위기를 기회로 만들어온 연속적인 삶의 경험이라고 할 것이다. 너무 고생시킬 것 같아 미안한 마음도 들지만, 진심으로 그에게 대한민국의 산적한 문제를 해결해달라고 부탁하고 싶다. 스케이트 날을 갈아가며 코너에서 추월을 노리는 선수처럼, 누구도 예측하지 못하는 순간에 앞서갈 수 있는 용기와 능력이 있는 리더를 떠올려 본다면, 결국 이런 결론에 도달하기 때문이다.

성남시민, 경기도민이 증거입니다

농부가 밭을 탓하면 안되죠?

어떤 밭이라도 농부가 실력 있고 열심히 하면 결과가 좋습니다. 그런데 농사지을 줄 모르고, 옆집하고 싸움이나 하면 밭이 아무리 좋아도 뭘 하겠습니까?

같은 상황이라도 지휘자, 책임자가 누구인지에 따라 완전히 다른 세상이 만들어집니다.

말만 들어선 모릅니다. 증거를 보고 골라야죠.

성남시민, 경기도민이 증거입니다.

성남시민이, 경기도민이 이재명 써보고

'괜찮다'고 후기 남겨주셨습니다.

물건 살 때는 먼저 사본 사람들의 경험을 믿는 게

가장 좋은 방법 아니겠습니까?

- 2022년 2월 24일 충주 집중 유세에서

아무리 토양이 비옥해도 일꾼이 기본을 모르고 이웃과 다투기만 한다면 생산성은 바닥을 칠 수밖에 없다. 반면 제대로 된 실력을 갖춘 농부는 척박해보이는 땅이라도 열정과 끈기로 일구어낸다.

이 비유를 정치나 행정에 대입해보면, 같은 재정과 제도, 같은 권한을 부여받더라도 '누가 지휘봉을 잡느냐'에 따라 정책의 성과가 달라진다는 것을 의미한다. 말이 아닌 '증거'를 보고 판단해야 한다는 부분이 바로 그 점을 가리킨다.

그 증거로서 실제로 일을 맡겨본 사람들인 성남시민과 경기도민이 남긴 경험담을 자랑스럽게 제시한다. 물건을 살 때도 구매후기를 참고하듯, 지도자를 선출하는 일 또한 그간의 성과와 평판을 살피는 게 현명하다는 것이다.

이제 와서 말이지만 직접 사용해본 소비자들의 칭찬을 받아온 리더를 선택하지 않은 결과는 너무나도 참혹했다. 이재명 대표는 더불어민주당을 이끌어가는 데에서도 탁월한 역량을 발휘했지만, 행정부의 수반으로서는 더욱 탁월한 성과를 보여줄 것임을 확신한다. 지난 대선의 실패로 말미암아 원내 경험까지 갖추었으니, 그가 못할 것이 무엇이랴.

이토록 자신할 수 있는 것은 무슨 까닭인가? 다시 처음으로 돌아가서, 그를 직접 사용해본 경기도민으로서 이야기하고 있음을 재확인하는 바이다. 안 써보고 나쁘다고 말하는 사람들, 귀기울여 들으시기를.

12

기안 죽습니다

기죽지 말라는 시민의 응원에

기 안 죽습니다! 13살에 공장에 취직해서 납땜연기 맡으면서 살았고, 그렇게 험하게 살았지만, 수없이 정치적 아웃사이더로, 적자는커녕 서자도 아닌 얼자의 삶을 살면서도, 결코 포기하지 않고 성과로 증명받으면서, 국민들의 힘으로 이 자리에 왔는데, 제가 왜 기가 죽습니까 여러분! 저는 자신 있습니다. 더 큰 산도 넘어왔는데, 이정도 산 하나 못넘겠습니까! 새로운 나라. 더 진보된 민주 정부, 더 유능한 민주 정부, 함께 만들어 가시겠습니까. 여러분!

- 2022년 2월 5일 부산 해운대 이벤트 광장 연설에서

그를 기죽이려고 애쓰는 사람이 참 많기도 하다. 어지 간한 사람이라면 벌써 기가 죽어서 어디론가 사라졌을 것 이다. 그런데 그는 사라지지 않았다. 그는 꺾이지 않았고 꾸준히 성장했다.

그가 스스로 말했던 것처럼 19살 수험생도, 50대의 이 재명도 '지어져 가는 중'이었던 것이다. 지금 부족한 것이 보인다면, 그것을 채워넣기 위해 노력하면 그만이다. 부 족한 것을 알아챘다면, 그것만큼 큰 공부는 없다.

공자가 《논어》〈술이〉 편에서 말하기를 '세 사람이 걸어 가는 데에 반드시 내 스승이 있다. 좋은 사람이 있으면 본받 으면 되고, 나쁜 사람이 있으면 나를 돌아보아 고치면 된다 三人行 必有我師焉 擇其善者而從之 其不善者而改之.'고 하였다.

어릴 때부터 너무 반듯하게만 성장한 사람은 자칫 잘못 하면 다른 사람의 눈치만 보는 삶을 살게 된다. 반면 주관 이 뚜렷한 사람은 여기저기 부딪히게 마련이지만, 그 과 정을 겪으면서 기죽지 않고 자신을 꾸준히 성장시키면 좋 은 결과를 낳게 된다.

13
정책과 공약에 담긴 삶을
봐주십시오

머리로 배우고 귀로 들어선 알 수 없는 것이 있습니다.
제 몸에 배어 있는 상흔이 제 정책의 출발점입니다.
제가 겪었던 참담한 삶이 제가 정치를 하는 이유입니다.

정책과 공약에 담긴 삶을 봐주십시오. 머리로 배우고 귀로
들어선 알 수 없는 것이 있습니다. 제 몸에 배어 있는 상흔
이 제 정책의 출발점입니다. 노동자와 서민의 삶을 확실하
게 아는 사람이 가장 확실하게 바꿀 수 있습니다.

- 2022년 2월 27일 울산 유세에서

이 글은 정치와 정책이 단순한 '머리로 배운 지식'이나 '듣고 익힌 정보'로만 구성될 수 없다는 메시지를 전한다. 그가 몸소 겪었던 '참담한 삶'이 곧 정치의 출발점이라는 고백은, 당사자의 경험이야말로 가장 강력한 동력이 된다는 사실을 상징한다. 그만큼 상흔을 몸에 새긴 사람만이 진정으로 이해할 수 있는 영역이 존재한다는 뜻이기도 하다.

그가 성장과정에서 경험했던 아픈 상흔들은 정책으로 반영되어 많은 이들을 감동시켰다. 싱싱한 과일을 먹어보고 싶었던 마음은 '어린이 건강과일' 사업으로, 교복대신 작업복을 입었던 기억은 '무상교복 정책'으로 이어졌으며, 눈칫밥 먹는 서러움을 너무나 잘 알기에 결식아동 급식비를 올리고, '그냥 드림센터'를 만들었다.

당선을 위해 급조한 공약이나 책상머리 아이디어로는 결코 따라잡을 수 없는 정책들이다. 진정성 있는 정책들은 늘상 우리를 감동시킨다.

14

정치를 왜 하는가

저는 정치를 왜 하는가를 언제나 고민합니다.
정치는 우리 국민들의 더 나은 삶을
만들기 위해서 하는 것이어야 합니다.
저는 제가 어릴 때 못 입어 본 교복 때문에 무상교복 정책
을 시작했고, 시장에서 주워 온 과일을 먹었던 그 아픈
기억 때문에 어린이집 과일공급 사업을 시작했습니다.
저는 정치가 상대방의 발목을 잡고 이렇게 음해하고
이런 것이 아니라, 국민을 위해서
누가 더 열심히 일하는가를 실적을 가지고
경쟁을 하고 검증을 받는 것이어야 한다고 생각합니다.

- 2022년 3월 2일, 20대 대선 TV 토론 마무리 발언

성남은 그에게 있어서 제2의 고향이었지만, 고향처럼 깨끗한 물이 흐르고 아름다운 자연이 있는 곳은 아니었다. 공단이 형성되면서 전국에서 몰려든 노동자들이 모여 사는 곳이었다. 초등학교를 갓 졸업하자마자 성남으로 온 가족이 이사를 왔고, 생계를 잇기 위해선 학교대신 공장을 다녀야 했다. 그럼에도 불구하고 공부를 하고 싶다는 생각을 떨쳐버리지 못했다.

그는 검정고시를 거쳐 학비와 생활비까지 대주는 장학금을 받고 중앙대학교 법학과에 입학하게 되고 사법고시에도 합격하여 변호사가 된다. 결론적으로 본다면 굉장한 성공 스토리이지만, 그는 학교에 다니지 못하는 청소년으로서 겪어야 했던 좌절과 아픔을 고스란히 가슴 속에 간직하고 있었다. 사람들은 흔히 성공하면 그런 기억을 일부러 잊어버리려 하지만, 그는 그 일들을 어느 것 하나도 잊지 않았다. 그대신 피부와 와닿는 정책으로 연결시켰다.

무상교복과 어린이집 과일뿐만 아니라 학습준비물을 각자 준비할 필요 없이 학교에서 제공하도록 하였고, 성남의 자연을 아름답고 깨끗하게 만드는 데에 공을 들였다. 자전거 도로를 정비하고 자전거수리센터를 시에서 운영하는 등 자신의 어렸을 적 체험이 고스란히 묻어나는 일들을 아기자기하게 운영했다. 그래서일까. 자신이 분당에서 산다고 이야기하던 성남시민들이 어느 틈엔가 성남시민이라는 것을 자랑스러워하기 시작했다.

그는 매불쇼에 출연하여 성남시장으로 일하던 때가 가장 재미있었다고 이야기했다. 경기도지사도 한 번쯤 더 해보고 싶었는데 3년밖에 못했다고 아쉬움을 토로했다. 대선주자로서 더없이 가혹한 공격을 받아야 했고 온가족이 난도질을 당해야 했으니, 개인적으로 억울한 점이 너무나 많을 것이라는 생각이 들었다.

더욱이 국민들의 더 나은 삶을 만들기 위한 정치를 하지 못하고 있다는 사실이 그에게 크나 큰 짐으로 얹혀 있다. 그가 날개를 펴고 진정 대한민국과 이 나라 국민을 위해 해보고 싶은 정치를 맘껏 펼쳐보게 되기를 기대한다.

15

이재명을 도구로

성남이 한때는 철거민의 도시라고 해서
저 자신조차도 어디 사냐 물을 때 서울 옆에 산다고
답했습니다. 분당 주민들은 성남시가 아닌
'분당에 산다'고 얘기했습니다.
그런데 이젠 대한민국 최고의 도시가 되지 않았습니까.
제가 처음 성남시장에 출마할 때 말씀드린 것처럼
권력이 아니라 세상을 바꿀 권한이 필요합니다.
대한민국을 여러분과 함께 바꾸고 싶습니다.
이재명을 도구로 써주십시오.

-2022년 3월 5일, 20대 대선 분당신도시 유세에서

우리가 누군가를 고용하여 작은 가게라도 맡긴다면, 그에게 바라는 점은 무엇일까? 그 가게를 자신의 가게인 것처럼 생각하고 최선을 다해주는 직원을 바라지 않겠는가?

고양이에게 생선가게를 맡길 수 없는 것은, 고양이가 생선을 너무나 좋아하기 때문이며, 돈 내고 먹을 생각은 전혀 하지 않기 때문이 아니던가?

실제로 너무나 많은 정치인들이 자신의 직권을 남용하여 사리사욕을 채우는 일을 보아왔다. 이재명에 대한 오해 중에서도 가장 큰 것은 "설마 그 자리에 앉아서 그렇게 많은 일을 하면서도 한 푼도 안 먹었겠어?"라는 것이다. 그런데 그를 아무리 털어도 먼지 한 점 나오지 않는다는 것이 확인되고야 말았다.

그는 유용한 도구가 되기를 바라는 정치인이다. 맡겨봐야 딱 5년이다. 그 5년 동안 그가 좋은 실적으로 자신을 입증해보인다면, 그것은 우리나라와 우리 국민의 큰 복이 될 것이라 생각한다.

그에게 필요한 것은 권력이 아니라 세상을 바꿀 권한이고, 그는 대한민국을 우리들과 함께 바꾸고 싶어한다. 3년 전에 우리는 그 선택을 하지 못했지만, 이번에는 꼭 그를 유용한 도구로 사용하는 복을 누려야만 한다.

16

감사인사

여러분이 있어서 여기까지 올 수 있었습니다.

그리고 죄송합니다. 기대에 부응하지 못했습니다.

패배의 모든 책임은 오롯이 부족한 저에게 있습니다.

그러니 혹시 누군가를 탓하고 싶은 마음이 드신다면,

부디 이재명의 부족함만을 탓해주십시오.

우리 모두 간절했고, 그랬기에 선거 결과에

마음 아프지 않은 분 또한 없을 것입니다.

서로를 향한 위로와 격려로 우리의 연대와 결속이

더욱 단단해질 수 있음을 보여주십시오.

사랑하는 동지 여러분,

이재명이 진 것이지 새로운 대한민국에 대한

열망이 진 것이 아닙니다.

이재명이 진 것이지 위기극복과 국민통합을 바라는

시민의 꿈이 진 것이 아닙니다.

더 나은 변화를 위한 길,

한 발 한 발 함께 걸어 주십시오.

고맙습니다.

그리고 사랑합니다.

- 2022.03.11. 대선 패배 후 감사인사

0.73% 차이로 대선에 실패하던 그날 밤, 앞으로 어떻게 해야 하나 앞이 깜깜했지만, 이재명 후보는 우리를 이렇게 위로했다. 지금 이 대선에서 진 것이지, 새로운 대한민국에 대한 열망이 진 것은 아니라고. 위기극복과 국민통합을 바라는 시민의 꿈이 진 것이 아니라고. 더 나은 변화의 길을 위해 한 발 한 발 함께 걸어가자고. 서로를 향한 위로와 격려로 우리의 연대와 결속이 더욱 단단해질 수 있음을 보여달라고.

과연 그의 위로는 우리를 지금 이 순간까지 이끌어왔다. 이 글을 쓰고 있는 오늘은 피청구인 윤석열이 헌재에서 8:0으로 파면된 바로 그날이다.

지난 대선패배로 인해 3년이라는 어려운 시절을 겪어왔지만, 그 시간이야말로 우리 모두를 성숙한 민주시민으로 성장시키는 시간이 되었다고 생각한다.

더불어민주당의 22대 국회의원들은 그 어느 때보다 국민을 위해 코피 쏟으며 일하고 있다. 조국혁신당, 기본소득당, 사회민주당, 진보당 등과의 연대도 견고해졌으며, 지향하는 바는 명확해졌다. 원내 정치를 경험해보지 않았던 이재명 대표가 인천 계양을의 국회의원이자 야당 대표로서 경험을 쌓은 것도 큰 성과라 할 수 있다.

3년 전 패배를 받아들이는 인사말을 다시 읽노라면, 코 끝이 찡해지고 마음이 아파오는 것도 사실이지만, 이 나라의 적폐세력을 낱낱이 드러내보이는 계기를 맞이하기 위해 겪어야만 했던 어쩔 도리 없는 과정은 아니었나 하는 생각마저 든다. 그의 말대로 우린 패배하지 않았다. 끝을 보기 전에 중간에선 아무것도 단정할 수 없다.

4장

경기도지사 이재명의 실천

01

노회찬 선배를 보내며

그는 제가 갖지 못한 것을 갖고 있었습니다.
저보다 세상을 더 사랑했고 불의에 더 분노했지만
그는 늘 여유와 유머와 포용의 정치인이었습니다.
그런 그가 떠났습니다.
오늘 노회찬 선배를 보냅니다.
우리 시대의 가장 빛나는
정치인, 가장 깊은 분노를 가장 아름답고
즐겁게 달랬던 정치인.
제가 사랑하고 본받고 싶은 정치인을
우리 가슴에 묻습니다.
그가 남겨놓은 길 끝까지 가겠습니다.

- 2018년 7월 27일 오전 10시 27분 • 페이스북

어느 때보다도 가혹했던 흑색선전에 시달리며 경기도 지사에 당선되어 취임한 지 1개월 후, 노회찬 의원을 떠나보내며 쓴 글이다.

시기적으로 공감하는 바가 남달랐을 것이다. 정치인의 삶을 살아간다는 것은 마치 백척간두에 선 듯 어렵고 위태로운 일이라는 것을 누구보다도 절감하고 있기 때문일 것이다. 민주주의를 향한 신념과 의지를 지키면서 현실정치의 파도를 헤쳐나가는 일이란, 너무나도 가혹한 삶의 무게를 짊어져야만 하니 더더욱 그러하다.

고 노회찬 의원을 떠나보내는 일은 정의당의 당원이나 지지자뿐만 아니라, 민주주의를 사랑하는 많은 사람들에게 큰 아픔을 안겨주었다. 그가 얼마나 아름다운 정치인이었는지 잘 알고 있기 때문이다.

이재명 지사는 노회찬 의원을 자신에게 없는 것이 많은 정치인이라고 이야기하는데, 특히 여유와 유머와 포용의 정치인이라는 점에 방점이 찍혀 있다. 정말 좋은 롤모델이 될 듯 싶다.

02
휴가와 책 정리

휴가라 오래된 책 정리하는데 엄청난 바둑책이 나오는군
요. 한때 바둑 고수 되겠다고 미친 듯 바둑공부를 했었습니
다. 이젠 바둑 둘 시간도 없지만···

젊은 시절, 세상을 바꿔보겠다며 눈 부라리고 보던 책들도
있어요. 지금은 아무것도 아니지만 그때는 걸리면 구속도
감수해야 했습니다. 웃기죠?

그때 젊은 시절을 생각하면 어줍잖게 무슨 그리 큰 사명감
을 가졌던가 싶습니다. 세상을 집어 삼킬 기세로, 바른 세
상을 위해 내 모든 것을 던졌던 시절이었습니다. 물론 그후
힘들고 고통스러울때 가끔씩 후회한 적도 있습니다.

지금도 여전히 생각합니다. 지금 내가 어디에 서 있는지···
내가 그때 생각을 얼마나 유지하고 사는지···

- 2018년 8월 3일 오후 9시 42분 • 페이스북

이재명 지사의 일기장에는 대학 1학년 때에도 이미 바둑을 두었다는 기록이 있다. 집에 놀러온 친구와 바둑을 두기도 하고, 친구 집에 가서 두기도 했다. 집집마다 바둑판과 바둑알이 있었던 모양인데, 아날로그 시대 젊은이들의 일상생활이 잘 보여지는 대목이다. 대학생 이재명은 바둑에도 몹시 골몰했던 모양이다. 바둑 고수가 되려고 책을 사서 공부할 정도였으니 말이다.

군부독재 시절이기에 금서인 사회과학 책을 몰래 읽는 것도 중요한 일상이었다. 대학가 서점에서는 금서를 몰래 숨겨놓고 팔았다. 지금은 상상할 수 없는 광경이지만, 전경들으로부터 가방 뒤짐을 당하다가 금서 때문에 구속당하는 일들도 있었다. 그런 위험을 감수하고라도 읽었던 금서들이 그에게 큰 영향을 끼쳤을 것이다.

선거를 치른 후에 간만의 휴가를 맞이하여 책 정리를 하다보니, 젊은 시절에 즐겨 읽었던 책들을 접하면서 상념에 젖어든 모습을 보여주는 글이다. 한때 바둑에 미쳤던 사람들은 평생 바둑을 좋아하게 마련일 텐데, 이제는 바둑 둘 시간도 없다는 이야기에 마음이 짠해진다. 바둑은 못 두지만 좋은 나라를 만드는 일에는 모든 것을 헌신하며 온갖 시련을 겪고 있으니 여러모로 미안한 마음이 든다.

03
두렵지만 용기를 내겠습니다

존경하는 김대중 대통령님께서는 한반도의 평화와 민주주의 역사에 굵직한 획을 그으셨습니다.

50년만의 정권교체로 민주정부를 탄생시켰고, 역사적인 남북정상회담을 성사시켜 6·15 공동선언을 만들어냈습니다.

서슬퍼런 독재정권에서 '빨갱이'로 매도당하고, 죽음의 문턱에까지 가는 혹독한 탄압에도 꿋꿋하게 민주주의와 평화에 대한 신념을 지켜내신 그 용기가 한없이 존경스럽습니다.

촛불혁명으로 문재인 정부를 탄생시킨 지금, 우리에게 필요한 것은 바로 그런 용기가 아닐까 생각합니다. 오직 국민만 바라보며 적폐세력에 맞서 싸울 용기, 분단과 전쟁대신 평화를 꿋꿋하게 지켜나갈 용기 말입니다.

"두렵다고, 겁이 난다고 주저앉아만 있으면 아무것도 변화시킬 수 없습니다. 두렵지 않기 때문에 나서는 것이 아닙니다. 두렵지만, 나서야 하기 때문에 나서는 것입니다. 그것이 참된 용기입니다."

저부터 나서겠습니다. 두렵지만 용기를 내겠습니다.

"국민의 뜻에 따라서 국민을 위한 정치를 해야 한다."는 당신의 가르침 잊지 않겠습니다.

- 2018년 8월 18일 오전 10시 40분 · 페이스북

김대중 대통령이 겪어야 했던 수많은 고난의 순간들은 도저히 상상하기 어려운 날들이었다. 그를 유력한 경쟁자이자 정적으로 인식했던 박정희와 전두환에 의해 찍힌 빨갱이라는 낙인은 쉽게 벗어나기 어려운 것이었다. 결국 IMF 위기를 겪고 나서야 우리 사회는 세상을 바꿀 권한을 김대중에게 부여한다. 참 오랜 세월이 지나간 후였다.

그런데 김대중 대통령은 자신에게 주어진 무거운 책임을 훌륭하게 수행하였다. 전설과 같은 금 모으기 운동으로 발등에 떨어진 불을 끄는 동시에 국민들에게 희망과 자신감을 심어 주었고, 대한민국이 디지털 강국으로 성장할 수 있는 기반을 닦았으며, 과감한 개혁으로 IMF를 조기에 졸업하였다. 이외에도 2002 월드컵 한일공동개최, 6·15 남북공동성명 등 다 이야기할 수 없을 정도로 많은 성과가 있었다.

이제 우리는 새로운 대통령을 뽑아야 하는 때를 맞이하였다. 경제, 외교, 정치, 사회 등 각 분야에서 위기가 턱 밑까지 다다른 현 시점을 생각해보면, 1997년의 IMF 위기뿐만 아니라 망국의 치욕을 당했던 구한말을 떠올리게 될 정도다. 이런 때에 우리는 어떤 대통령을 뽑아야 할까? 이 험난한 세월을 겪는 과정에서 이재명이 가장 뚜렷한 대선

후보로 지목받는 것은, 그가 이 위기를 헤쳐나갈 수 있는 후보로 인정받고 있다는 것을 보여준다.

이 글은 그가 경기도지사가 된 지 두 달이 되지 않은 시점에 쓰였다. 지금 우리가 겪고 있는 일들이 벌어질 줄은 상상도 못했을 때였다. 그는 성남시장 시절과는 확연하게 달라진 경기도지사라는 자리의 무게를 실감하고 있었을 것이다. 더욱이 대선후보로 직행하는 코스이니만큼 경쟁자들의 공격도 더욱 거세지는 시점이었기 때문이다.

이런 순간에 그가 김대중 대통령의 '업적'과 함께 '용기'를 떠올린 것은, 자신이 앞으로 걸어가야 할 험난한 미래를 예상했기 때문일 것이다. 그가 가장 존경하는 정치인인 김대중 대통령은 1971년부터 1992년까지 3번이나 낙선한 끝에, 1997년 74세의 나이로 대통령에 당선되었다. 용기가 없었다면 16년의 세월을 극복하기란 어려웠을 것이다.

정치인이라는 삶의 무게는 몹시도 무겁다. 특히 세상을 좋은 방향으로 바꾸겠다는 의지와 그에 걸맞은 역량을 가진 정치인들이 짊어진 무게는 더욱 클 것이다. 그런 까닭에 그 고난의 길을 걸어가는 정치인들을 귀하게 여기고 아껴야 한다. 말 한 마디, 행동 한 가지에 일희일비하지 말

고, 긴 안목과 넓은 마음으로 좋은 정치인을 함께 만들어
갈 책임이 우리에게 있다.

04
우리 언젠가 또 만나요

오늘 한 사회복지시설에 갔다 참 반가운 일이 있었습니다. 원장님께서 제 소년공 시절 일기가 담긴 책을 꺼내시며 꼭 선물하고 싶은 6학년 친구가 있으니 사인을 해달라시더군요. 알고보니 제가 성남시장일 때 시장실에 두 번이나 찾아왔던 아이였는데, 저랑 이야기 나누고 사진도 찍고 사인도 받고, 그 사인을 액자에 넣어 고이 간직하고 있다고… 고맙기도 하고 그만큼 책임감도 더 커졌습니다.

아이라면 누구나 충분한 보살핌을 받으며 행복하게 자랄 수 있는 환경, 나아가 평등한 기회와 공정한 경쟁이 보장되는 사회, 꼭 만들겠다고 어린 소년 앞에 다짐해봅니다. 곧 중학교 가면 더 바빠지겠지만 도청에도 꼭 한 번 놀러 오세요!

- 2018년 12월 13일 오후 5시 47분 • 페이스북

2017년 가을부터 준비해서 경기도지사 선거 때에 연재했던 《이재명의 나의 소년공 다이어리》를 책으로 출간한 것은 2018년 10월의 일이다. 이 책은 많은 사람들을 위해 썼지만, 그중에서도 가장 염두에 둔 독자는 일기를 쓴 장본인인 이재명 후보 자신이었다.

그의 일기에는 소년공 이재명이 써내려 간 하루하루의 일상이 기록되어 있었다. 일기 속의 그는 몹시도 고통스러웠다. 그러나 그 일기를 모두 읽어내려 간 내가 느낀 것은 '끊임없이 좌절하면서도 가족의 사랑 속에서 포기하지 않고 성장을 거듭해온 서사'가 담겨 있다는 점이었다. 그래서 그 따스한 이야기를 들려주고 싶었다. 그리고 이때의 초심을 잊지 말라고 이야기해주고 싶었다. 동화 같은 삽화로 그의 성장기를 더없이 따뜻하게 보여주고 싶었다.

두 번째로 염두에 둔 독자들은 어린이와 청소년이었다. 무조건 인내하는 것이 아니라 충분히 슬퍼하면서도 쓰러지지 않는 소년공 이재명의 모습을 보여주는 것은, 이 시대의 어린이와 청소년들에게도 도움이 될 것이라는 생각에서였다. 그래서인지 자녀들에게 선물하겠다며 사인본을 보내달라는 요청하는 사례가 종종 있었다.

그런 점에서 이재명 지사가 서명해준 책을 받은 그 소년은 진짜 행운이다. 그 소년에게 책을 전해주기 위해 메신저로 나선 사회복지시설 원장님께도 깊은 감사를 드린다.

더욱이 이 책을 쓸 수 있었던 것은 소년공 이재명이 그 고통스러운 세월 속에서 일기를 썼기 때문이니, 이것도 고마운 일이다. 일기장이 오랜 세월 보관되었던 점도 매우 감사한 일이다.

더욱이 일기장과 관련된 매우 결정적인 순간이 있었는데, 007미팅으로 만난 음대생에게 프로포즈하면서 이 일기장들을 선물로 주었다는 점이다. 자칫하면 사라지는 계기가 될 수도 있었을 텐데, 다행히 프로포즈에 성공하여 부부의 연을 맺게 된 김혜경 여사께서 잘 보관해주셨다는 점이다.

한 권의 책을 둘러싼 여러 가지 이야기가 이미 존재한다. 그런데 이 책은 앞으로 더 많은 이야기를 만들어낼 것이다. 오래도록 많은 어린이와 청소년들에게 읽혀지는 좋은 책으로 남겨지기를 기대한다.

05
따뜻한 말 한 마디 부탁드립니다

오늘 시무식을 마치고 제가 제일 먼저 찾은 곳은
바로 도청 민원실이었습니다.

상담사 분들을 우리는 감정노동자라고 하지요.

콜센터 상담사들의 고충이 클 것이라는 것은 대략 알고 있
었지만, 직접 얘기를 나누며 느낀 것은 그 이상이었습니다.

상담사들이 하루에 받는 전화가 최소 3천 통, 많을 때는 4~5
천 통에 이른다고 합니다. 여성 흡연 휴게실을 따로 만들어
달라는 요구에는 스트레스가 얼마나 심했으면, 그럴까 싶
은 생각에 마음이 아팠습니다.

민원인들께 충분히 설명을 드리려면 부서에서 충분한 자
료를 신속히 받아야 한다는 얘기에 고개가 끄덕여졌습
니다.

경기도의 얼굴인 상담사 분들이 좀 더 나은 환경에서 일하

실 수 있도록 여러가지 조치를 검토하겠습니다.

경기도 콜센터에 전화를 거실 때, 상담사 분들에게 따뜻한

말 한 마디 부탁드립니다.

- 2019년 1월 2일 오후 1시 · 페이스북

상담사들은 가장 앞줄에 서서 성난 이용자들의 클레임을 처리해야 하는 중요한 역할을 수행하지만, 대부분 비정규직이나 파견직으로 운영되는 것이 사실이다. 높은 자리에 있는 분들이 상담사들을 직접 만나서 이야기를 듣는 것은 드물지 않은 일이겠지만, 그 대화를 통해 몇 가지 포인트를 짚어내고 SNS를 통해 공유하는 모습이 인상적이다.

'여성 전용 흡연실'을 만들어 달라는 상담사들의 요청에 공감해주고, 상담의 품질을 제고하기 위해서는 부서의 자료협조가 필요하다는 요청을 중요하게 생각하며, 페친들에게 경기도청 콜센터에 전화를 할 경우에 상담사들에게 따뜻하게 대해 달라고 부탁한다.

이 글에는 무려 1천 1백 개의 공감 댓글이 달렸다. 시무식이 있는 첫날 민원실을 찾아 상담사의 심리를 보살피고, 업무를 세세하게 살피면서 해결방안을 모색하는 도지사의 모습에 공감한 것이다.

06

경기도 공직자부터 먼저 예의를

경기콜센터 상담사들과 이야기를 나누던 중 민원인뿐 아니라 경기도 공직자들마저 업무협조 전화 시 의견을 무시하거나 일방적으로 전화를 끊고 민원인 전화 연결을 거부하는 경우들이 있다는 사실을 알게 되었습니다.

또한 도에서 진행하는 정책과 행정 정보가 잘 공유되지 않아 콜센터에서 충분히 처리 가능한 민원전화가 부서까지 연결되어 시간과 행정력을 낭비하는 경우도 빈번했습니다. 경기콜센터는 도민과 경기도를 이어주는 연결점입니다. 대인관계의 첫인상만큼이나 중요한 곳이라고 할 수 있겠죠. 콜센터 상담사 분들이 능동적으로 도정현안을 안내할 수 있도록 경기도는 충분한 정책자료를 제공하도록 하겠습니다.

더 나아가 경기콜센터의 업무협조 요청에 불응하거나 상

담사에게 불친절한 공직자에 대해 패널티를 부여할 계획
입니다.

콜센터 상담사 분들도 누군가의 '귀한 자녀'이자 '소중한
배우자'입니다. 경기도 공직자 여러분, 부디 원활한 협조를
부탁드립니다.

- 2019년 1월 12일 오전 10시 12분 • 페이스북

이 글은 열흘 전에 경기콜센터 상담사들을 만나면서 알게 된 문제점을 현업을 대상으로 확인하고, 대안을 수립하여 SNS에 공유한 내용이다.

상담사들은 도민들의 민원을 가장 먼저 맞이하는 숨은 영웅들이다. 상담사들이 친절하게 도정에 대한 안내를 하기 위해서는 우선 도에서 어떤 일들이 진행되고 있는지 충분히 인식할 필요가 있다. 상담사들이 미처 인지하고 있지 못한 상태에서 언론에 발표되면, 상담사들은 쏟아져들어오는 문의전화를 감당하기가 매우 어려워지기 때문이다.

따라서 이런 문제를 미리 대처하기 위해서는 부서 사이의 긴밀한 커뮤니케이션이 필수이다. 콜센터 상담사들이 이재명 경기지사에게 요청한 것도 바로 이 점이었다.

그 결과, 경기도청에서는 콜센터에 자료를 충분히 제공하기로 하였으며, 불친절한 공직자에 대해서는 패널티를 부여할 계획이라고 밝혔다. 상담사분들로 누군가의 귀한 자녀이며 소중한 배우자이기 때문이다. 이 내용은 SNS뿐만 아니라 언론에도 보도되어 관심을 끌었다.

07

단원고 학생들의 명예 졸업식에

세월호 참사로 희생된 단원고 학생 250명이 오늘 3년만에 명예졸업을 했습니다. 축하를 해야 마땅하겠지만 마음은 한없이 무겁습니다.

세월호 참사는 우리에게 국가의 존재 이유는 무엇인가라는 근본적인 질문을 던졌습니다. 생명을 존중하고, 인간의 존엄을 지키는 나라, 모든 국민이 안전하게 살아갈 수 있는 나라, 함께 사는 세상을 만들기 위해 더 노력하고 정진해야 할 것입니다.

시간이 지난다고 저절로 해결되는 일은 없습니다. 더 나은 세상으로 한 걸음 전진하려면 불행한 과거를 잊지 말아야 합니다. 2014년 4월 16일, 억장이 무너지고 심장이 멈춘 것 같던 그날을 기억해야 하는 이유입니다.

- 2019년 2월 12일 오후 2시 54분 · 페이스북

가방에 달려 있는 노란 리본만 보아도 눈살을 찌푸리거나 잔소리를 하는 이들이 있다. 이들은 그 상처에 대해 발작적인 알레르기 반응을 보이는 사람들이다. 아마도 그들이 살아왔던 삶의 여정에서는 무조건 묻고 잊고 지내는 것을 가장 지혜롭게 여겼던 것일지도 모르겠다. 물론 그게 유일한 해결책이던 대한민국이 존재했던 것도 사실이다.

그러나 잊는 것으로 문제를 해결하려는 소극적이고 비겁한 자세는 또다른 비극을 낳게 마련이다. 이태원 참사가 그 사례이다. 정부는 사고를 방치했고 사실을 은폐하였으며 책임을 회피하였다.

이제 우리가 만들어가야 할 진짜 대한민국은 '더 나은 세상으로 한 걸음 전진하려면 불행한 과거를 잊지 말아야 한다.'는 데에서 시작되어야 한다. 우리는 결코 그 날들을 잊을 수 없다.

08
노동이 존중받는 세상을 꿈꾸며

노동자라는 사실이 차별받거나 천시를 당할 이유가 될 수 없습니다. 노동이 없고서 우리가 살고 있는 집이, 날마다 쓰는 휴대폰이, 그리고 자동차가 존재할 수 없습니다. 우리가 누리는 일상의 풍요로움은 누군가의 수고로움 덕분에 가능합니다.

우리 모두는 노동자이거나 노동자의 가족이거나 노동자의 이웃입니다. 그렇기 때문에 노동이 존중받는 세상을 만드는 것은 곧 자신을 위한 길이고, 가족과 이웃을 위한 길입니다.

아직 갈 길이 멀다는 걸 잘 압니다. 그러나 천리 길도 한 걸음부터라고 했고, 시작이 반이라고 했습니다. 오늘 내딛는 걸음이 노동존중 사회를 앞당길 거라는 믿음으로 뚜벅뚜벅 가겠습니다. 여러분께서도 응원해주시고 관심 가져주시길 당부드립니다.

- 2019년 5월 1일 오전 10시 44분 • 페이스북

어느 날 우연히 공중화장실에서 매우 당황한 적이 있다. 휴지가 똑 떨어져 있었던 것이다. 식은땀이 쫙 흘렀는데 마음을 추스르고 주변을 살펴보니 여분의 휴지가 뒷쪽에 놓여져 있었다. 그때 이런 일을 대비해준 청소 노동자 아주머니의 그 따뜻한 마음 씀씀이에 진심의 감사를 드렸었다.

내가 지금 누리고 있는 일상의 풍요로움은 모두 누군가의 도움을 통해서 이루어진 것이다. 노동자뿐만 아니라, 골목상권을 지키는 소상공인들과, 험한 일을 마다하지 않고 우리의 먹거리를 지켜내고 있는 농민들과 어민들까지 우리의 삶을 구성하는 모든 분들의 수고에 감사드린다.

이들의 노동과 수고로움이 제대로 대접받는 세상이 바로 나와 내 가족과 이웃을 위하는 길이라는 데에 진심으로 동의한다.

09
직장 내 꼰대 근절에 나섰습니다

취임하자마자 우리 직원들이 눈치 안 보고 소통하도록 만든 내부 익명 커뮤니티가 하나 있습니다. 한 달 전이던가요. 회식 때 잔 돌리지 말라, 간부들 옆에 일부러 여성 직원 앉히지 말라는 글이 올라왔는데, 그게 여전히 베스트 글입니다. 갑질, 언어폭력, 성희롱 말라는 주제들 역시 늘 뜨겁습니다.

그 이유가 뭘까 고민을 해봤습니다. 사실 너무도 당연하고 기본적인 것들인데 왜 이렇게 지켜지지 않을까… 이렇게 많은 직원들이 통감하고 매번 지적되는 문제인데도 왜 더디게 바뀔까…

요즘 젊은이들에게 '꼴통' 보다 더 나쁜 단어가 바로 '꼰대' 라고 들었습니다. 아주 치명적으로 부정적인 뉘앙스라 합니다. 상대는 갑질, 차별, 희롱에 신음하는데, 꼰대는 심지어 자기가 잘못한 줄도 모르지요. 세상은 변하는데 이런 인습은 수십 년 동안 고착돼왔기 때문입니다.

제가 나서서 좀 오버를 해보기로 했습니다. 오버라도 안하면 쉽게 안 바뀌니까요. '공정한 직장 선언문'을 만들어 간부 공무원들이 모두 참석하는 회의에서 함께 선서도 하고 서명까지 몽땅 받았습니다. 청사 곳곳에 포스터도 붙이고 캠페인을 벌이기로 했습니다.

결국 "내가 아는 게 전부가 아니다, 각자의 입장이 모두 다르다."는 것을 늘 인식하고 신경 쓰는 것이 꼰대가 되지 않는 첫 단추가 아닐까 합니다.

저 역시 중년의 기성세대로서, 직장상사로서, 또 남성으로서 저도 모르게 갑질은 않는지, 꼰대처럼 굴진 않는지… 한 번 더 역지사지하며 직원들과 소통하겠습니다. 우리 직원들, 이번엔 꼭 바뀝시다. 우리 게시판이 아주 칭찬글로 도배되도록 한 번 달라져 봅시다!

- 2019년 5월 24일 오후 4시 34분 · 페이스북

'내가 아는 게 전부가 아니다.'라는 말에 밑줄을 긋게 된다. 꼰대 문화 역시, 상대를 존중하고 상대의 시각을 인정하지 않는데서 비롯되는 경우가 많다. 그러니 "이번엔 꼭 바꾸자."라는 외침에선 흥겨움과 동시에 절박함이 묻어난다. "나도 혹시 그런 적이 있었나?" 하고 돌이켜보는 순간, 이미 변화는 시작된다.

이 시대에 진정으로 강한 리더는 격노하는 리더가 아니고, 소프트파워를 사용할 수 있는 리더일 것이다. 세세한 직원들의 목소리에 귀를 기울이고 그 작은 목소리를 놓치지 않고 정책으로 연결시키려는 시도가 그를 움직이게 만든 동력일 것이다.

한 번 바꾸기 시작하면 생각보다 쉽게 흐름이 잡힐 수도 있다. 나 스스로도 자신을 돌이켜 보고 꼰대스럽게 굴었던 경험을 솔직하게 털어놓고, 모두가 "이제 그만큼은 지겹다."라고 외칠 수 있다면 더없이 좋을 것이다. 작은 용기들이 모여 만들어지는 변화야말로 가장 강력한 힘을 갖게 마련이니까.

10

고 이희호 여사님의 영전에

애석합니다.

이희호 여사님께서 소천하셨습니다.

여사님께선 1세대 여성운동가이자 서슬퍼런 독재정권에 맞서 싸운 민주주의자이셨고, 깊은 신앙심을 평생의 삶으로 체현하신 참된 신앙인이셨습니다.

김대중 대통령님과 인생의 동반자로서 정치적 동지로서 '행동하는 양심'이란 무엇인가를 몸소 보여주셨습니다.

우리는 여사님께 큰빚을 졌습니다. 그 빚을 다 갚지 못했는데, 더 나은 세상, 더 평화로운 세상을 보여드리지 못했는데, 이렇게 떠나 보내 참으로 애석합니다.

여사님과 김대중 대통령님께서 이루고자 하셨던 길, 민주주의와 평화의 길, 그 길로 흔들림없이 나아가는 것으로 제

존경의 마음을 바치겠습니다.

여사님, 그리운 김대중 대통령님과 함께 부디 평화로운 안식을 누리시길 빕니다.

- 2019년 6월 11일 오전 9시 34분 • 페이스북

'더 나은 세상을 보여드리지 못했다.'는 문장이 애틋하게 다가온다. 민주주의와 평화를 위해 싸워온 선배들의 헌신을 이어받은 우리가 그 뜻을 온전히 실현하지 못하고 있다는 반성일 수도 있다. '우리는 여사님께 큰 빚을 졌다.'는 이재명 지사의 고백은, 어쩌면 한 세대를 넘어 모든 시민이 공감해야 할 책임감의 다른 표현이 아닐까 싶다.

여성운동가이자 신앙인, 그리고 '행동하는 양심'이라는 가치를 온몸으로 보여준 민주주의자였던 이희호 여사님. 그 길을 먼저 걸어가주신 덕에 후배들은 더욱 넓고 자유로운 세상을 꿈꿀 수 있었다. 개인적으로도 여사님은 나에게 '이화여고 선배님'이라는 호칭으로 가까이 느껴졌는데, 그래서인지 항상 여성 리더십의 본보기로 떠올리게 된다.

주어진 사명을 힘써 다하시고 본향으로 돌아가신 여사님. 그곳에서 김대중 대통령님과 다시 재회하시어 영원한 안식을 누리시길 기원한다. 사족을 달자면, 두 분께서는 살아 생전에 가톨릭 신자와 개신교 신자로서 신앙을 상호 존중하여, 주일마다 성당과 교회에 각기 출석하셨다고 한다. 그래서 하늘나라에서는 어떤 주일을 보내고 계시는지 궁금하기도 하다.

11

한 걸음씩 가다 보면

한 걸음씩 한 걸음씩 가다 보면
천 걸음이 되니까 그러는 것이지,
한 걸음만 간다며는 누가 뭐라 그럽니까?

- 2019년 8월, 경기도 계곡 불법 점거 상인들과 토론하며

남한산성 계곡을 무단으로 점유하고 있는 음식점 불법시설을 철거하는 일은 쉬운 일이 아니었다. 불법이긴 하지만, 너무 오랫동안 관행적으로 이루어져 온 일이었기 때문이다.

불법시설을 철거했다가 장사가 안 되면 어떻게 해야 좋을지, 이러다가 아예 장사를 접어야 하는 상황이 되면 어떻게 할지 염려가 가득했기에 잔뜩 긴장한 상인들과 스스럼없이 이야기를 나눈다. 상대원 시장에서도 가장 낮은 자리에 뿌리를 내리고 살아갔던 어린 시절의 경험이 그 자리로 나아갈 수 있게 했을 것이다.

그리고 그들이 가장 예민하게 받아들이고 있는 '불법'을 이렇게 쉽게 풀어준다. 한 걸음 한 걸음씩 가다보니 천 걸음이 된 것 뿐이라고. 손님들이 시원한 계곡물 곁에서 음식을 먹기를 원하다 보니 의자 하나 둘 내놓고, 탁자 하나 둘 내놓다 보니 이렇게 되었다는 것. 처음부터 이러려는 건 아니었다는 걸 잘 알고 있다는 것.

그러니 인생에 남겨진 어떤 상처들에 대해서는 "왜?" 그랬냐고 물어볼 필요가 없다. 살아보려고 그랬던 거다. 그 마음 잘 알지만, 계속 이럴 수는 없으니 이번 기회에 정리해보자고. 그렇게 해서 이 문제는 대화로 풀렸다.

대부분은 이런 문제를 해결하기 귀찮아서 방치하는 경우가 허다한데, 그렇게 되면 수많은 시민들이 누려야 할 자연의 아름다움을 잃어버리게 된다. 그래서 쉽게 해결해 보겠다고 폭력적인 방법을 쓰기도 한다. 대화로 푼다는 건 불가능하다고 생각하기 때문에.

그런데 그는 그렇게 했다. 아마도 더 큰 다른 일들도 이렇게 대화로 풀어갈 수 있지 않을까 싶다. 적어도 문제를 해결하고 싶은 마음을 갖고 있는 대상이라면 말이다. 일을 해결하려는 마음조차 없는 이들이라면 해당이 되지 않겠지만…

12

계곡 불법시설 철거현장에서

오늘 철거현장을 직접 눈으로 보니 실은 참 안타깝고 가슴 아픕니다. 정말로 큰 규칙 어기는 사람도 많은데 이 정도 규칙 어겼다고 단호하게 나오나… 억울한 마음도 드실 겁니다. 공감합니다.

그렇지만 작은 잘못에 눈 감다보면 큰 잘못한 사람에게 목소리 높이기가 어렵게 됩니다. 힘이 세든 아니든, 많이 가졌든 아니든, 모두가 규칙을 잘 지킬 때 공정한 세상도 온다고 믿습니다.

- 2019년 8월 23일 오후 2시 33분 • 페이스북

하천과 계곡은 그 누구의 사유지도 아닌 공공재다. 그런데도 오랫동안 관행으로 이어져온 불법 행위를 바로 잡는 일은 쉽지 않은 일이다. 이런 일은 크게, 길게, 멀리 내다보고 섬세하게 접근해야 할 일이다. 눈앞의 이익에만 매달리면 결국 다함께 손해를 본다는 사실을 관과 민이 함께 공감하지 않는 한 불가능한 일이기 때문이다.

그래서 이재명 지사는 상인들을 직접 만나서 무릎을 맞대고 설득하는 과정을 거쳤으며, 직접 철거현장에 나가 상인들을 만나는 일을 마다하지 않았다. 업주들의 억울한 심정을 충분히 공감해주면서도, 공정성을 위해 작은 부분부터 일관되게 지키겠다는 의지로 다가온다.

크고 작은 '관행'에 대해서는 누구나 물러서기 쉽다. 별것 아닐 수도 있고, 오래된 습관이라 다들 무감각해졌을 수 있다. 하지만 일단 한 번 "이건 아니다."라고 선을 긋고 바꾸기 시작하면, '어쩔 수 없다.'고 체념했던 부분도 의외로 빠르게 정돈될 수 있다. 그것이야말로 진정한 '공정'을 위한 시작이 아닐까.

13
미안합니다 감사합니다

경기도의 강력 단속에
손해를 보시면서도 이러시니…
이런 분들이 바로 나라를 떠받치고
세상을 바르게 만드는 분들입니다.
나라를 나라답게 만드는 것은 기득권자나
힘센 권력자가 아니라, 본인들이 피해를 입어도
모두를 위한 공정함을 받아들이는
바로 이런 분들입니다.
경기도지사보다 몇십 배 아니
몇백 배 크신 도민들이십니다.
미안합니다… 그리고 감사합니다…

- 2019년 10월 13일 오전 2시 29분 • 페이스북

불법철거물 단속을 당한 상인들이 "우리는 이재명 도지사를 간절히 원합니다."는 현수막을 내걸고 이 지사에 대한 대법원의 선처를 호소했다는 내용이 언론에 보도되어 눈길을 끌었다. 이들은 백운계곡 일대에서 수십 년 동안 불법시설물을 설치하여 영업을 해오던 음식점 상인들이었다.

이재명 지사는 이 소식에 대해 깊은 감사와 미안함을 표현하고 있다. 본인들의 손해를 감수하며 공공선公共善을 실천하는 사람들의 선택에 대한 존경심의 표현이다. 자신들의 억울함에도 불구하고, 더 큰 억울함을 당하고 있는 도지사에 대한 신뢰와 공감이 묻어나는 대목이다. 관과 민이 이렇게 서로 신뢰하고 손을 맞잡을 수 있다면, 진짜 대한민국은 가능하지 않을까?

14

티끌 모아 태산

한 번에 모든 게 바뀌지 않는다는 걸
잘 알고 있습니다.
'티끌 모아 태산'이라고 하지요.
작은 변화들을 많이
만들어서 누구나 체감할 수 있는
큰 변화를 만들어내겠습니다.

- 2020년 1월 24일 오전 10시 1분 • 페이스북

우리 속담에 '첫 술 밥에 배부를 수 없다.'는 말이 있고 '티끌 모아 태산'이라는 말도 있다. 중국 고사에는 '우공이 산愚公移山'이라는 말도 있다. 꾸준한 노력만이 성과를 얻어낸다는 뜻이다.

서양 속담에 '악마는 디테일에 있다.'는 말이 있는데, 문제점이나 불가사의한 요소가 세부사항 속에 숨어 있다는 뜻이다. 어떤 것이 대충 보면 쉬워 보이지만 제대로 해내려면 예상했던 것보다, 더 많은 시간과 노력을 쏟아부어야 한다는 것이다.

세상의 변화를 꿈꾸는 이들은 이 모든 지혜들을 가슴에 담아 두어야 한다. 작은 변화를 강조하는 시각도 남다르다. 작은 변화를 때때로 실감하는 기쁨들을 누리지 않고서는 그 멀고 험한 길을 끝까지 갈 수가 없기 때문일 것이다.

이 글은 코로나19 바이러스가 본격적으로 확산되기 직전이던 설날 연휴 첫날에 쓰인 글이다. 이후에는 그야말로 '티끌 모아 태산' 같았던 코로나19 방역조치가 시작되었다. 경기도는 가장 많은 인구가 살고 있는 광역단체였고, 그만큼 책임이 막중했다.

15

우리는 바이러스보다
빨라야 합니다

수도권까지 집단감염이 나타나고 있습니다. 확진될 때는 이미 늦습니다. 과중한 비용과 불편에 대한 우려도 있었지만 우리의 방역조치가 바이러스보다는 빨라야 합니다.

이에 따라 도내 노인 등 감염취약계층이 밀집된 노인요양시설, 양로시설, 장애인거주시설, 노인요양병원, 정신요양시설, 정신요양기관 1,824개소에 대해 즉각적 예방적 코호트'를 지시했습니다.

도민 여러분. 만약의 사태에 대비해 병상이나 의료인력 장비는 충분히 준비하고 있습니다. 코로나19 정도는 우리 경기도 방역체계가 충분히 방어하고 큰 피해 없이 물리칠 수 있습니다. 도민 여러분 걱정 마시고 개인위생수칙만 철저히 지켜주십시오.

- 2020년 3월 1일 오전 10시 35분 • 페이스북

정말 코로나19 시대를 대표하는 명언 중의 명언이다.

'우리는 바이러스보다 빨라야 합니다.'

일사불란하게 움직이는 경기도의 방역조치는 도민들에게 신뢰감을 주기에 충분했다. 구체적인 방역대책을 도지사가 앞장서서 전달함으로써 도민들의 불안감을 줄여주고, 개인 차원에서 지켜야 할 위생수칙만 지켜주기를 부탁하고 있다. 간결하고 명확한 메시지는 그 자체로 신뢰감을 주기에 충분하다. 경기도민이어서 다행이라는 마음이 들 정도였다.

대한국민이어서 다행이라는 마음이 드는 진짜 대한민국을 그와 함께 이루어가기를 기대한다.

16

어젯밤 꿈에 어머니를 뵙고

나의 하늘 어머니를 고향 선산 차가운 땅 아버님 곁에 묻어
드린 지 2주일이 됐습니다.
어젯밤에는 어머님과 함께했습니다. 방바닥에는 물이 흐
르고 습기 가득한 지하셋방으로 이사를 하는 중이었지요.
법서들을 한 짐 가득 안고 책 놓을 자리를 찾는데 인부들이
공사 중이라 자리가 없어 슬펐습니다.
꼭 안아주시는 어머님 품에 안겨 한참 그냥 울었습니다.
깨보니 꿈. 어머니는 멀리 떠나 이제는 안 계시네요.

꿈속에서라도 힘들지 말라고 꼭 안아주신 어머니.
이제 그만 놓아 주라는 말씀이시지요?
길어 보여도 삶은 순간이고, 멸이 있어 생이 있으니 머지않
아 저도 곧 따라갈 겁니다.

이승의 나쁜 일 다 잊어버리고 아부지하고 잘 지내세요.

저는 조금만 더 놀다 갈게요. 엄마 잘 가…

— 2020년 3월 29일 오후 12시 20분 • 페이스북

그토록 사랑했던 어머니를 떠나보내야 했던 것은 코로나19가 한창 기승을 부리던 2020년 봄이었다. 고향 선산에 장례를 치른 후 2주가 지난 후에 그는 어머니를 꿈에서 만난 후 이 글을 썼다.

어머니와 함께 습기 가득한 지하셋방으로 이사를 하는 꿈이었다. 짊어진 법학 책 내려놓을 자리를 찾지 못해 어쩔 줄 몰라하는 그의 모습은, 코로나 방역이라는 현실세계에서 짊어진 공적 책임감을 보여주는 것만 같다. 한참을 어머니 품에 안겨 울다가 깨어나니 어머니는 이 땅에 아니 계시고… 이 땅에선 다시 만나지 못하겠지만, 항상 아들을 위해 기도해주시고 응원해주실 사랑하는 어머니…

이재명 지사는 어머니를 떠나 보낸 후 그해 10월까지 머리염색을 중단했다. 염색하지 않은 그의 머리는 완전한 백발이었는데, 백발을 드러낸 것은 코로나 방역으로 너무 바빠서 염색할 겨를도 없어서였다고 한다. 이제 더 이상 어머니가 계시지 않으니 굳이 흰 머리를 드러내도 불효가 되지 않으리라는 생각도 있었을 듯 싶다.

그러다 그해 10월 추석쯤에 흑발의 이재명으로 복귀하는데, 그 이유에 대해서는 '추석에 미용실 갔다가 잠시 조는 사이에 그만'이라는 글과 함께 염색한 모습의 사진 4장을 인스타그램에 게재한 바 있다. 추석연휴에 미장원에서 원장님께 머리 손질을 맡기고 잠시 잠들었다가 깨어보니, 염색이 되어 있었더라는 이야기다.

　얼마나 피곤했으면 염색이 되는 줄도 모를 정도로 깊이 잠들었을까? 혹시 하늘나라에 계신 어머니께서 머리 염색하고 다니라고 조화를 부리신 것은 아닐까?

17
노무현 서거 11주기에

세상에 내 편 하나 없는 짙은 외로움이 밀려올 때 그 어떤 비난과 압박에도 꼿꼿하던 당신의 모습을 생각합니다.
복잡하고 어려운 갈림길에 섰을 때 당신이라면 어떤 판단 어떤 결정을 내렸을까 끊임없이 자문합니다.
그 깊은 마음을 오롯이 헤아릴 수는 없겠지만 부족하나마 당신이 가리키고 만들어 주신 길을 가려 애써봅니다.
"반칙과 특권 없는 나라, 사람사는 세상을 만들어보자."고 하셨지요? 비록 먼저 떠나셨지만 그 자리에 수많은 노무현이 민들레 홀씨로 태어나 온 세상에서 당신의 가치와 철학을 기억하고 실천합니다.
이들로 인해 당신은 언제나 동지로,
선배로 이 세상에 함께 살아계십니다.

- 2020년 5월 23일 오전 10시 35분 · 페이스북

노무현 전 대통령을 향한 그리움과 존경을 담은 글이다.

어떤 비난에도 굴하지 않던 '당신'을 떠올리며 "복잡하고 어려운 갈림길에 섰을 때 당신이라면 어떻게 했을까?"라고 스스로 묻고 있다.

"반칙과 특권 없는 나라, 사람 사는 세상"을 만들어 보자고 하셨던 노무현 대통령. 그로 말미암아 "민들레 홀씨처럼 수많은 노무현이 태어났다."고 이야기한다.

그가 이야기하는 '노무현 정신'은 단순히 과거의 회상이나 존경의 대상에 머물러 있는 것이 아니라, '현재진행형의 가치'이다.

죽은 자가 산 자의 스승이 되고 구원자가 되는 법. 우리의 선배이자 동지인 노무현 대통령이 이 혹독한 겨울의 광장에서 항상 함께 하셨다고 믿는다. 노무현이 꿈꾸었던 세상을, 우리가 함께 만들어 간다.

18

남은 2년도 지난 2년처럼

이제 곧 취임 2주년을 맞이하는 오늘 경기도정만족도가 79%라는 의미 있는 조사결과가 나왔습니다.

성남시정 만족도 79% 도달에는 5년이 걸렸는데, 도정만족도 79% 도달에는 2년이 채 안 걸린 셈입니다.

취임 당시 도정만족도가 29%였는데 격세지감을 느낍니다. 기득권의 총공세로 감당하기 어려운 오물을 뒤집어 썼지만, 포연은 걷히고 실상은 드러날 것으로 믿고 죽을 힘을 다한 2년이었습니다.

경기도지사의 한 시간은 1,370만 시간이라는 생각으로 지난 2년처럼 남은 2년도 순간순간 최선을 다하겠습니다.

- 2020년 6월 28일 오전 10시 13분 • 페이스북

숱한 어려움을 겪고 경기도지사에 당선되었지만, 2018년 8월에 실시된 도정만족도는 29%에 불과했다. 이 전국 17개 광역단체장 중에서 꼴찌였다. 이에 대해 전문가들은 당권 경쟁 과열과 당 지지도 하락 등이 복합적으로 작용한 결과라고 분석한 바 있다.

그랬던 그가 2020년 6월에 실시한 '민선 7기 2주년 도정평가' 여론조사에서 79%의 성적표를 받아들게 된다. 경기도민 10명 가운데 8명이 도정에 만족하고 있다는 것을 의미한다. 특히 코로나19 대응에 대해 90%가 호평하면서 특히 긍정적으로 평가했다.

비슷한 시기에 실시된 '전국 시도지사 지지도' 조사에서도 이재명 경기도지사는 전국 광역단체장 가운데 1위를 차지하였다. 취임 직후 29.2%로 꼴찌였던 그가 2년만에 71.2%로 1위가 된 것이다. 전문가들은 코로나19와 대북전단 대응 등 강력하고 신속한 정책이 평가를 받았다고 분석했다. 국민들은 일 잘하는 일꾼을 알아보게 마련이다.

19

힘들어도 곡식은 익어갑니다

얼마 전 연천 수해 피해지역 일대를 다녀왔더랬습니다.
유례 없는 폭우에, 태풍이 다녀간 후라 걱정이 많았습니다.
그런데 현장에서 오히려 제가 위로받고 돌아왔습니다.
침수된 도로와 집은 응급복구되고, 주민들께서는 일상을
되찾기 위한 노력에 고군분투하고 계셨습니다.
누군가를 원망하기보다 함께할 수 있는 일을 찾아 이겨내
보자 하셨습니다.
어느덧 들녘에는 어린 벼들이 곡식으로 단단하게 여물어
가고 있었습니다. 바람 불면 쓰러질 것 같은 그 가냘픈 것들
이 서로를 의지하며 모진 비바람을 견디어 주었습니다. 고
통을 이겨내며 이 만큼씩 자라고 있었습니다.
자연의 생명력은 참으로 경이롭습니다. 농부들의 정성을
몰라주지도 않습니다.

힘들어도 곡식은 익어갑니다.

우리 서로가 힘입니다.

지금은 어렵지만 조금만 더 기운냅시다!

우리는 반드시 극복할 수 있습니다.

- 2020년 9월 5일 오후 2시 19분 • 페이스북

코로나19가 전국을 휩쓸고 있는 가운데 수해까지 발생하여 엎친 데 덮친 격이었다. 이재명 경기도지사는 수해 현장을 방문하였는데, 이곳에서 오히려 큰 위로를 받고 돌아온다.

어려움 속에서도 익어가고 있는 어린 벼의 모습은 수해를 겪은 어려움을 극복하기 위해 온갖 노력을 기울이는 농민들의 모습과 닮아 있었다. 좌절하기보다는 무엇이라도 할 수 있는 일을 함께해보자는 모습에는 뜨거운 생명력이 담겨 있었다.

'바람 불면 쓰러질 것 같은' 여린 생명이라도 함께 의지하면 곧게 자랄 수 있고, 농부들의 정성도 결코 헛되지 않는다는 메시지가 잔잔한 감동을 준다. "힘들어도 곡식은 익어간다."는 표현은, 위기상황에서도 조금씩 문제를 해결해나가는 사람들의 모습과도 닮아 있다.

도지사 혼자서 할 수 없는 일이라는 것에 대한 고백이기도 하다. 그는 "우리 서로가 힘이 된다."고 이야기하며, "조금만 더 기운냅시다."라고 글을 맺는다. 현장을 찾아가서 도민들로부터 에너지를 완전히 충전받고 돌아온 날인 듯 싶다.

20

바다가 메마를 땐
그물코를 넓혀야 합니다

우리 연안이 황폐화될 뻔한 시절이 있었습니다. 규제를 안한 가운데, 배와 그물의 성능은 좋아지고 밤이고 낮이고 쌍끌로 싹싹 쓸어갔기 때문입니다. 잡을 때는 좋았지만 나중엔 씨가 마르게 됐습니다. 그제야 '이러면 안 되겠다, 우리 서로 자중하자.' 면서, 그물코 크기도 제한하고 알 낳을 때는 잡지 말자고 법도 만들었습니다. 시간이 지나 연안 어족이 다시 풍부해졌고 그렇게 모두가 풍족해졌습니다. 큰 배를 가진 선주에게도 이게 이익입니다.

- 2020년 9월 28일 오후 7시 5분 • 페이스북

공유지의 비극을 넘어서기 위해서는 공동체 스스로 공유지를 황폐하게 만드는 행위를 금지할 수 있어야 한다. 눈앞의 이익에 휘둘리다가는 모두가 불행해지는 미래를 만들 수 있기 때문이다.

이 글은 바다가 메마를 때에는 그물코를 넓혀야 한다는 이야기를 사례로 들면서, 기본소득의 중요성을 강조한다. 당장엔 손해 같아도 정부지출을 늘려 가계부채를 건전화하고, 이를 지역화폐로 지급하여 돈이 강제로 돌 수 있게 하는 것이 장기적으로는 이익이라는 것이다.

바다가 메말라버린다면 배와 그물은 무슨 소용이 있겠단 말인가? 시장이 붕괴된다면, 기업은 누구를 대상으로 사업을 벌인단 말인가?

경주 최부잣집이 300년 동안 부를 유지했던 데에는 여러 가지 비결이 있었는데, 그 중에서도 흉년에는 절대 남의 땅을 사지 말 일이며, 인근 백리에 굶어죽는 사람이 없도록 하라는 선대의 가르침이 눈에 띤다. 혼자서만 더 잘 사는 길 대신 함께 잘 사는 길을 선택하였기에 오래토록 융성할 수 있었다.

21

어머니 없이 보내는
첫 명절

코로나19로 모든 것이 낯선 추석이지만 저에게는 다른 의미로 생경한 명절입니다. 어머니 없이 보내는 첫 명절이기 때문입니다. 며칠 전 어머니께서 꿈에 나와 무슨 연유인지 하염없이 저를 걱정하시더군요. 살아계실 때나 지금이나 못난 자식 걱정은 멈춰지지 않나 봅니다. 깨고 난 뒤 한참을 울었습니다.

도민 여러분께 귀성이나 성묘 자제를 요청드린 입장에서 이번 추석에는 부모님께 인사드리러 가지도 못하고, 첫 벌초조차 남의 손을 빌리는 불효를 저질렀습니다.

올 추석 저마다 사정으로 부모님이나 친지를 찾아뵙지 못하는 분들이 많으실 겁니다. 위로조차 마음대로 나누지 못할만큼 모두가 힘들 때입니다. 우리 서로 따뜻한 안부로 그

휑한 마음들을 안아주시면 어떨까요? 우리를 포근히 보듬
어주시던 우리네 부모님의 그 품에는 미치지 못할지라도
말입니다.

- 2020년 10월 2일 오후 9시 42분 • 페이스북

코로나 방역으로 경황없는 중에 사랑하는 어머니를 정신없이 떠나보내야 했는데, 첫 번째 맞이하는 명절에 성묘도 하지 못하는 황망함을 맞이하게 된다. 방역을 위해 귀성이나 성묘마저 자제해달라고 요청한 상황이었기 때문이다. 도지사도 그 요청에서 예외일 수는 없었다.

첫 번째 명절인데도 성묘를 하지 못하고 남의 손에 벌초를 맡긴 상황이었기에 마음은 몹시도 무거웠을 것이다. 그런데 꿈에 본 어머니는 오히려 아들을 걱정하고 계셨다. 자나깨나 자식을 걱정하는 어머니를 꿈에서 보고 깨어난 후에 한참을 울었다고 고백한다.

코로나 기간은 어쩔 도리 없이 격리되어야만 했던 단절의 시간이었다. 그 빈 자리를 따스한 안부를 전하는 일로 채워보자는 권유에는 다정함과 미안함이 묻어 있다.

어머니는 영원한 그리움이다. 멀리 가셨어도 늘 내 곁을 지키시는 분이시다. 우리 모두 한때는 어머니가 있었던 사람들이며, 아직까지 어머니가 곁에 있는 사람들도 언젠가는 엄마를 먼저 보내드려야 하는 것이 도리이다.

나의 경우에도 2023년 초여름에 어머니를 떠나보냈다. 지주막하출혈로 갑자기 쓰러진 어머니는 말 한 마디를 나누지 못한 채, 2개월 동안 중환자실에 계시다가 세상을 떠나셨다.

어머니를 떠나보낸 후에는 평생 그 따스한 품을 그리워하며 살아가는 운명에 처하고야 말았다. 그 따스한 품은 이제 그 어디에서도 되찾을 수 없어서 왈칵 왈칵 슬픔이 몰려오곤 하지만, 그때마다 이렇게 결심한다. 그 품을 그리워하는 마음으로, 내 곁에 살아 있는 이들을 보살펴야겠다고.

덧붙여서 나도 이재명 지사처럼 이렇게 이야기해본다.

"엄마 잘 가. 나는 이 세상에서 좀더 놀다 갈게요. 아직 해야 할 일이 좀 남아 있어요. 민주주의도 지켜야 하고, 진짜 대한민국도 만들어야 하거든요. 그러니 그때까지 아빠랑 싸우지 말고 잘 지내세요."

22
미처 하지 못한 말

파기환송심 최종선고가 내려지던 순간, 2년 여의 시간이 주마등처럼 스쳐 지나갔습니다. 헤아릴 수 없는 고마움이 지난 시간 곳곳에 촘촘히 박혀 있습니다. 아픈 기억은 멀어지고 미안한 마음만 남아 있습니다.

이제 제게는 도정 한 길만 남았습니다. 절박한 서민의 삶을 바꾸고, 구성원의 기본권을 충실히 보장하며, 불평등 불공정에 당당히 맞서 만들어낸 실적과 성과로 도민 여러분께 엄중히 평가 받겠습니다.

덧붙여 2년 간의 칠흑같던 재판과정을 마무리하며 그동안 미처 하지 못한 말을 전합니다.

셋째 형님. 살아 생전 당신과 화해하지 못한 것이 평생 마음에 남을 것 같습니다. 어릴적 지독한 가난의 굴레를 함께 넘으며 서로를 의지했던 시간들을 기억합니다. 우리를 갈

라놓은 수많은 삶의 기로를 원망합니다.

부디 못난 동생을 용서해주십시오 하늘에서는 마음 편하게 지내시길, 불효자를 대신해 어머니 잘 모셔주시길 부탁올립니다.

2020년 10월 16일 오후 4시 4분 · 페이스북

우리가 정치인 이재명을 거의 잃어버릴 뻔하다가 대법원 판결에서 파기환송심으로 살아돌아온 시점에 쓴 글이다. 상대방 후보가 가족사 문제를 교묘하게 파고들며 선거법 위반으로 그를 옭아맸다. 다행히도 그때마다 하늘의 돌보심으로 죽지 않고 여기에까지 올 수 있었다.

이재명 도지사 개인적으로도 많은 회한이 있을 수밖에 없는 내용이다. 뭐라 덧붙일 말이 없으나, 이 간절한 마음이 하늘에 닿기를 바랄 뿐이다. 하늘나라에 함께 계실 형님과 어머님, 아버님께서도 "우리 재명이, 잘 되었다. 그리될 줄 알았다. 앞으로 네가 해야 할 일 열심히 하거라."라고 격려해주실 것이라 믿는다.

23

세상을 바꾸는 작은 아이디어

미끄러운 배달상자대신 조그만 구멍 손잡이를 만드니 상자 옮기기가 한결 수월합니다. 이 구멍 하나로 물건 들기가 10% 정도 나아지고 허리에 미치는 영향도 40%나 줄어든다고 합니다.

민생연구소 안진걸 소장님께서 구멍 손잡이가 달린 우체국 상자를 들고 경기도청을 찾아주셨습니다. 우체국은 23일부터 이 택배상자를 판매하기 시작했고, 안 소장님은 택배상자 구멍 손잡이 만들기 1인 시위를 하고 있습니다.

커다란 한 방으로 판이 바뀌는 일은 없습니다. 이런 작은 아이디어 하나가 세상을 바꿉니다.

- 2020년 11월 27일 오후 7시 10분 • 페이스북

아주 작은 변화를 시도한 것만으로도 큰 가치를 만드는 경우가 있다. 이 경우에는 택배 박스에 손잡이 구멍을 뚫어넣는 것으로 많은 사람들이 편리함을 누리게 되는 사례이다.

그동안 택배 노동자들은 이런 모양의 택배 박스를 제작해 운반 편의성을 높여 달라는 요구를 해왔지만, 비용이나 위생 문제 등을 이유로 한 업계 측의 반대로 번번히 무산되었다.

그러던 중 민생연구소 안진걸 소장은 구멍 뚫린 택배 박스를 고안하여 경기도청을 찾아간다. 이재명 지사는 이 아이디어를 채택하여, 우선 우체국에서부터 구멍 뚫린 박스를 판매하기 시작했다.

구멍이 뚫리는 만큼 내구성을 강화하는 등의 보완도 함께 이루어졌다고 한다. 어떤 일이든 한 번에 되는 일은 없지만, 천리길도 한 걸음부터 이루어진다. 작은 아이디어 하나가 세상을 바꾼다.

24

19살 청년도 50대 이재명도
모두 '진행형'

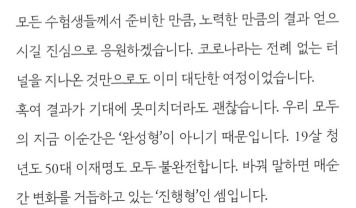

모든 수험생들께서 준비한 만큼, 노력한 만큼의 결과 얻으시길 진심으로 응원하겠습니다. 코로나라는 전례 없는 터널을 지나온 것만으로도 이미 대단한 여정이었습니다.

혹여 결과가 기대에 못미치더라도 괜찮습니다. 우리 모두의 지금 이순간은 '완성형'이 아니기 때문입니다. 19살 청년도 50대 이재명도 모두 불완전합니다. 바꿔 말하면 매순간 변화를 거듭하고 있는 '진행형'인 셈입니다.

- 2020년 12월 2일 오전 9시 51분 • 페이스북

코로나19라는 특별한 상황 속에서 시험을 치른 수험생들에게 따뜻한 격려와 응원을 보내는 글이다. 누구도 경험해 보지 않은 코로나 수능을 치러낸 것만으로도 이미 대단한 여정이었다며 격려를 보낸다.

이재명 도지사는 혹시 만족스럽지 못한 결과가 나오더라도 실망하지 말라며, 19살 청년이든 50대 정치인이든 모두 '완성형'이 아닌 '진행형'의 삶을 살고 있다고 이야기한다. 인간이란 존재는 모두 매순간 성장하고 변화하는 과정을 거친다는 뜻이다.

어느덧 세월이 흘러 이 글을 쓰던 당시 50대였던 이재명은 이젠 환갑을 넘긴 나이 60대가 되었다. 그런데도 그의 성장은 지금도 꾸준히 진행형이다. 어떤 상황에서든 배우고 성장하는 모습은 예전의 그가 남겼던 여러 상흔들도 어느덧 새 살로 덮이게 만든다.

과연 세월이 가진 힘이란 위대한 것이다. 여기에는 성숙해질 것인지. 퇴보할 것인지의 두 가지 선택지가 주어져 있을 뿐이다. 10년이면 강산도 변하고, 사람도 변한다. 우리는 지금 어디로 가고 있을까?

25
모쪼록 넓은 품으로

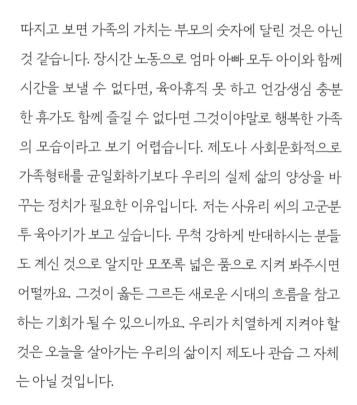

따지고 보면 가족의 가치는 부모의 숫자에 달린 것은 아닌 것 같습니다. 장시간 노동으로 엄마 아빠 모두 아이와 함께 시간을 보낼 수 없다면, 육아휴직 못 하고 언감생심 충분한 휴가도 함께 즐길 수 없다면 그것이야말로 행복한 가족의 모습이라고 보기 어렵습니다. 제도나 사회문화적으로 가족형태를 균일화하기보다 우리의 실제 삶의 양상을 바꾸는 정치가 필요한 이유입니다. 저는 사유리 씨의 고군분투 육아기가 보고 싶습니다. 무척 강하게 반대하시는 분들도 계신 것으로 알지만 모쪼록 넓은 품으로 지켜 봐주시면 어떨까요. 그것이 옳든 그르든 새로운 시대의 흐름을 참고하는 기회가 될 수 있으니까요. 우리가 치열하게 지켜야 할 것은 오늘을 살아가는 우리의 삶이지 제도나 관습 그 자체는 아닐 것입니다.

- 2021년 4월 1일, 후지타 사유리의 〈슈퍼맨이 돌아왔다〉 방송 출연을 지지하며

'가족'이라는 개념을 전통적 형태에만 가두기보다, 실제 삶을 어떻게 바꾸어야 행복한 가족이 되는지를 고민해야 한다는 취지의 글이다. 제도나 관습이 늘 절대적인 것은 아니며, 현실의 변화를 무작정 막는 것보다는 그 변화를 제대로 이해하려는 노력이 필요하기 때문이다.

모쪼록 넓은 품으로 지켜 봐달라는 부탁의 말은 사유리 씨뿐만 아니라 우리 모두에게 도움이 된다. 당장 마음에 들지 않는다 해도, 일단 기다려주고 지켜 봐주는 자세는 이 각박하고 험난한 세상을 살아가야만 하는 우리 모두를 향해 불러주는 응원가가 될 것이므로.

26
어버이날에 아버지 생각

공부 좀 해보겠다는 제 기를 그토록 꺾었던 아버지이지만 사실은 학비 때문에 대학을 중퇴한 청년이기도 했습니다. 그래서 더 모질게 하셨겠지요. 저의 10대는 그런 아버지를 원망하며 필사적으로 좌충우돌하던 날들이었습니다.

돌아보면 제가 극복해야 할 대상은 가난이 아니라 아버지였는지도 모릅니다. 누군가를 미워한다는 일은 참 품이 많이 드는 일이니까요. 그 강렬한 원망이 저를 단련시키기도 했지만 때로는 마음의 어둠도 만들었을 테니까요.

아버지는 고시생 시절 말없이 생활비를 통장에 넣어주시고, 병상에서 전한 사법시험 2차 합격 소식에 눈물로 답해주셨습니다. 그때서야 우리 부자는 때늦은 화해를 나눴습니다. 제 청춘의 한 페이지가 넘어갔던 순간입니다. 벌써 40년이 다 되어가는 일이네요.

- 2021년 5월 8일 오전 9시 · 페이스북

이들 가족의 사랑은 험난한 도심 콘크리트 틈새에 피어난 노란 민들레 같은 것이었다. 정든 고향을 떠나와서 힘든 타향살이 하느라 고통스러웠을지 모르지만, 이 가족을 하나로 뭉치게 만든 것은 가족애였다.

노름으로 재산을 탕진하고 고향을 떠나야 했던 아버지는 가족을 저버리지 않았다. 모든 가족을 성남으로 오게 했다. 가장으로서의 책임을 회피하지 않았다는 것을 의미한다.

그는 온가족을 성남으로 불러모은 후 집안을 다시 일으키기 위해 최선의 노력을 기울인다. 아버지는 시장 청소를 했고, 어머니는 공중변소를 관리하면서 시멘트 포대를 털어 봉투를 접었고, 자녀들은 공장에 다니게 했다. 이 낯선 도시에서 살아남기 위해서는 집을 사야 한다는 필사적인 의지를 갖고 있었다.

실제로 그의 가족들은 아버지의 뜻을 따라 힘을 합쳐 성남으로 이사한 지 4년만에 집 장만의 꿈을 이룩한다. 이러한 목표를 달성하기 위해서는 어쩔 도리 없이 온가족의 희생이 따를 수밖에 없었을 뿐이다.

물론 아버지의 반대로 학교를 다니지 못하고 공장을 다녀야 했던 사춘기 소년공 이재명이 아버지와 유독 강렬하게 부딪혔던 것은 사실이다. 그러나 이런 행동은 질풍노도의 시기라는 사춘기의 발달과업적 특성상 당연한 것일지도 모른다. 지능이 높고 자존심이 센 편이었으니 더더욱 그러했을 것이다.

그렇다 해서 아버지가 자녀들의 교육에 관심이 없었던 것은 아니다. 한때 대학물을 먹었고 공무원생활을 하기도 했던 아버지는 쓰레기 장사를 하면서도 간간히 영어회화 테이프, 옥편, 책을 주워다 읽히는 교육열을 갖고 있었다. 아들들의 검정고시 서류를 직접 챙겨주고, 한자를 모르는 채 법대에 간 아들에게 한자도 가르쳐주시는 분이었다. 사법고시 준비를 하는 아들에게 말없이 생활비를 넣어주는 분이었다.

그는 이 글에서 사법고시 2차에 합격하고서 아버지와 화해할 수 있었다고 이야기하고 있는데, 이들 부자의 화해는 훨씬 오래 전부터 이미 이루어지고 있었다. 우선 그가 장학금을 받고 4년제 대학에 들어간 것 자체가 아버지에게는 큰 기쁨이었을 것이다. 어느덧 누그러진 부자관계는 대학에 입학한 1982년 3월 11일의 일기에 기록되어 있다.

'아버지가 피곤하다며 담배를 피우려다 그냥 손에 들고 잠이 드셨다. 얼굴을 보니 정말 주름살도 많고 고생이 뚝뚝 떨어지는 것 같다. 이럴 때 보면 정말 가엾게 생각되기도 하지만 잔소릴 할 때면 정말 미워진다. 아무튼 아버지가 고생하시는 것은 사실이다. 지금부터는 좀더 잘해드려야겠다. 하지만 이 결심이 잘 지켜질지는 의문이다.'

아직까지 아버지와의 갈등관계가 완전히 해소되지는 않은 듯 보이지만, 아버지를 이기기 위해서 살아가는 것은 이 세상 모든 아들들의 운명이 아니던가. 그러니 그에게는 가족애가 부족하다는 말은 도무지 어울리지 않는다. 사랑 넘치는 행복한 가정에 대한 기대가 컸기에 현실의 장벽을 견뎌내는 것이 더 고통스러웠을 수는 있겠지만 말이다.

5장

성남시장
이재명의
용기

01

용기 있는 자

두려움이 없는 사람이 어디 있겠습니까?
용기란 두려움이 없는 것이 아니라,
두려움을 맞닥뜨리고 이겨내는 힘입니다
우리에게 용기가 필요한 때입니다

- 2013년 7월 14일 오후 11시 15분 • 트위터

일기 속에 기록된 그의 청소년 시절은 매우 내성적인 성격이었다. 다시는 공장으로 돌아오지 않겠노라고 큰 소리 뻥뻥 치며 공장을 그만두었는데, 결국 다시 공장으로 돌아오게 되었을 때 그는 매우 곤혹스러운 입장이었다.

다시 얼굴을 맞대고 일해야 할 껄끄러운 존재들이 공장에도 널려 있었기 때문이다. 그런데 놀라운 것은 결국 그 두려움을 이겨내고, 마침내는 4년 장학금을 받는 법대 대학생이 되었고, 지역신문에 얼굴까지 실리는 영광을 맛보게 된다.

그렇게 입학한 법학과 수업에서 한 번도 공부해보지 않은 한자 투성이의 법전과 교재를 마주쳤을 때에도, 그에게 엄습한 것은 두려움이었다. 그때 도움을 준 사람이 바로 그의 아버지였다. 아버지는 비록 당시 청소부였지만, 고향에서는 대학물을 먹은 사람이었으며 공무원생활도 했기에 한문에는 일가견이 있었던 것이다.

그는 법전을 공부해야 할 아들에게 옥편을 구해줬고, 한문도 직접 가르쳤다. 물론 그 자신의 노력도 각별했다. 일기를 쓰면서 모든 한자어를 한문으로 쓰는 등 난관을 극복하기 위해 모든 노력을 기울였던 것이다. 그에게 문제해결 능력과 학습능력, 지구력이 있다는 것이 여실히 보여주는 사례이다.

그래서일까. 그가 아무리 무도한 비판과 공격을 받더라도, 결국 다 이겨낼 것이라는 믿음이 점점 자라나고 있다. 처음에는 안쓰럽기만 했는데, 이제는 어느덧 마음자리가 단단해졌다. 나뿐만 아니라 그의 지지자라면 누구나 비슷한 마음일 것이다.

갑작스레 계엄이 선포된 그 밤이 주었던 두려움에 대해 이야기하지 않을 수가 없다. 그때 그는 차로 이동하면서 유튜브 채널을 통해 라이브 방송으로 "국회로 와 주십시오."라고 국민들에게 도움을 청했다. 그 방송을 들었던 수많은 시민들이 국회로 몰려들었다.

그 밤에 두렵지 않은 이들이 누가 있었겠는가?

그러나 우린 두려움에 무릎 꿇지 않았고, 두려움을 넘어섰다. 용기 있는 리더와 용기 있는 국민들이 새로운 역사를 만들어간다.

02

죄송합니다

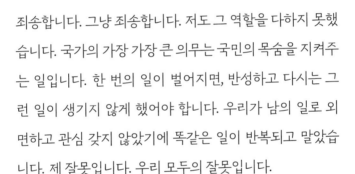

죄송합니다. 그냥 죄송합니다. 저도 그 역할을 다하지 못했습니다. 국가의 가장 가장 큰 의무는 국민의 목숨을 지켜주는 일입니다. 한 번의 일이 벌어지면, 반성하고 다시는 그런 일이 생기지 않게 했어야 합니다. 우리가 남의 일로 외면하고 관심 갖지 않았기에 똑같은 일이 반복되고 말았습니다. 제 잘못입니다. 우리 모두의 잘못입니다.

- 2015년 4월 16일, 세월호 1주기 추모식에서

이렇게 말해주는 정치인이 있어서 감사할 따름이다. 실무 책임자들조차 책임을 지지 않고 이리 저리 빠져나가는데…

그는 자신도 그 역할을 다하지 못했다고, 죄송하다고 사과한다. 또한 똑같은 일이 반복되지 않도록 우리 모두가 함께 관심을 갖고 책임감을 가져야 한다고 이야기한다. 국민들이 정치인에게서 듣고 싶은 이야기는 바로 이런 것일 게다. 이런 이야기를 듣게 되면 국민들 마음 속에도 변화가 생겨날 것이다.

"맞아요 우리들 모두의 잘못이에요. 우리 이제 다시는 이런 일이 일어나지 않도록 함께 문제를 해결해나가요."

라고.

03
오른쪽과 옳은쪽

보수보다 진보의 가치가 옳다거나
진보보다 보수의 가치가 우월하다는
논의 자체가 언어도단입니다.
정상적 의미에서 보수나 진보 둘 다 중요하고
필요한 가치이기 때문입니다.
오른쪽이 아니라 더 옳은쪽으로 가야 합니다.
새로운 질서를 만드는 것보다 상식과 정의가 관철되는
정상적인 사회를 갈망하는 저는 그래서 진보가 아닌
'정상적인 의미의 보수'입니다.
오른 쪽이 아니라 옳은 쪽으로 더 힘 있게 가겠습니다.
같이 가주실 건가요?

- 2015년 6월 21일 오전 10시 37분 · 페이스북

이 글은 '진보 대 보수'라는 이분법적 구도를 근본부터 다시 살펴보자고 제안한다. 본래 보수와 진보 모두 '정상적 가치'를 추구하는 한 축일 뿐, 누가 절대적으로 옳거나 우월하다는 것은 어불성설이다. 온당한 의미의 보수가 아니라, 기득권을 유지하기 위해 '비정상'을 자처하는 세력이 보수라는 이름을 뒤집어쓰고 있기 때문이다.

우리 사회는 아직 '진보-보수'의 대립이라기보다는 오히려 '정상 진영'과 '비정상 진영'이 충돌하고 있는 국면이다. 비정상 진영은 적반하장으로 정상적인 가치에 '빨갱이'·'좌파'·'진보'라는 프레임을 덧씌워 몰아붙여 왔다. 이번 12·3 계엄사태에서도 이런 일은 반복되었으며, 윤석열은 민주시민들을 일시에 척결할 반국가세력으로 지목하였다.

이재명 대표는 탄핵 이후 민주당의 성격을 '중도보수'라고 정의하며 당내 인사들의 비판을 받기도 하였다. 그러나 이런 주장은 성남시장 시절부터 그가 스스로 밝힌 바 있는 내용이다.

그는 "오른쪽이 아니라 옳은쪽으로 가야 한다."고 강조하며, 자신을 '신보가 아닌 정상적인 의미의 보수'라고 밝히고 있다. 여기서 그가 말하는 '정상사회'란 진보와 보수가 서로 존중하며 공존할 수 있는 무대를 말한다. 그 무대를 되찾는 것이야말로, 우리 모두에게 맡겨진 공동의 과제일 것이다.

04
기울어진 들판

모두가 양을 향해 말합니다.
"더 노력해야 한다!"
하지만,
고쳐야 할 것은 양이 아니라
기울어진 들판입니다.

높아진 흙무덤을 깎아야 하고
낮아진 웅덩이를 메워야 합니다.
수평선과 나란히 뻗은 들판에 서야
비로소
힘껏 뛰어 내달릴수록
더 많은 풀을 뜯고 살아갈 수 있습니다.

- 2015년 12월 31일 · 송년사에서

기울어진 들판에서 아무리 내달린들 공정한 게임은 불가능할 것이다. 각자 타고 태어나는 운명은 다를 수 있지만, 적어도 국가는 국민에게 기회의 평등을 제공하려는 노력을 기울여야 한다.

보수의 입장에서 이야기한다 해도, 훌륭한 역량을 가진 인재는 국가에 도움이 된다. 흙수저에게 교육과 성장의 기회를 제공함으로써, 국가와 사회에 기여하는 훌륭한 인재를 길러낸 사례는 셀 수 없이 많다.

아직도 볼멘소리를 하는 사람들이 있겠지만, 다시 말하건대 특급 사다리를 놓아주자는 것이 아니라, 단지 기울어진 들판을 평평하게 만들자는 것이다.

05

나는 돌멩이

나는 돌멩이.

쇠똥 널린 길에 구르며

이리 채이고 저리 밟히지만

채일 때마다 커지고

밟히면 또 자라는

살아 있는 돌멩이…

커지고 또 자라서

먼 훗날 언젠가

차는 발 뭉개주는 바위가 될 거다.

- 2016년 1월 23일 오후 2시 57분 • 트위터

정부의 반대에도 불구하고 성남시에서 청년배당이 본격적으로 시행된 후 이튿날인 21일부터 집중포화가 시작되자 트위터에 올린 글이다.

자신을 돌멩이에 비유한 것은 이전에도 있었다. 이재명 성남시장은 2015년 12월 20일 '박근혜 정부 복지 후퇴 저지 토크 콘서트'에 참석하여 자신을 '길에서 이리저리 채이는 돌멩이'에 비유했다. 이날 문재인 새정치민주연합 대표는 스스로를 '설악산의 흔들바위'에 비유하고, 박원순 서울시장이 자신을 '서울의 흔들바위'에 비유하자, 자신을 돌멩이라고 비유한 것이다.

이날 그는 "특히 모난 돌이라고 생각해서 의도적으로 집어차는 분들이 있다. 그런데 이 돌멩이가 특이해서 찰 때마다 커진다. 요즘 이길 저길에 자꾸 굴러다닌다."고 이야기했는데, 채일 때마다 커지는 돌멩이라는 콘셉트는 이때부터 등장한 셈이다.

그 이후 10년의 세월이 흘렀다. 정말 제대로 혹독하게 채일 대로 채였던 시간이었다. 그는 그동안 얼마나 더 커졌을까?

릴케는 작품에서 돌멩이에 대해 '침묵 속에 시간을 견지는 것'이라는 표현을 자주 했다. "돌은 단단하다. 돌은 오래간다. 돌은 말이 없다. 하지만 돌은 기억한다."며 시간에 침묵하며 존재하는 '기억의 물질'이라고 표현한다.

돌멩이에 대한 이재명의 글은 노랫가사로도 사용되어서 이번 탄핵정국에 '탄핵이 답이다.'로 전 세계적인 주목을 받은 가수이자 인기 유튜버인 백자가 〈나는 돌멩이〉라는 제목의 노래로 발표하기도 하였다.

06

선거에서 절대 뽑지 말아야 할
인간들

나라주인이 바빠서 직접 나랏일

할 수는 없으니 대신할 머슴 뽑는 게 선거.

머슴 뽑는 데 여러 기준이 있지만

이런 인간들은 절대로 머슴으로 뽑으면 안 됩니다.

제가 머슴이 아니라 주인이라 착각하는 인간,

주인 때리고 무시하는 인간,

맡긴 권한과 돈을 주인이 아닌 제 놈들을 위해 쓰는 인간,

주인에게 거짓말 하는 인간.

특히 이중에 국민에 상습적으로 거짓말하는

머슴은 절대 머슴으로 뽑으면 안 됩니다.

- 2016년 4월 4일 오후 5시 44분 • 페이스북

진짜 잘못 뽑았다가 큰코다치고 있는 대한민국 국민들.

더 이상 이런 정치인들은 발을 디딜 수 없게 만들어야 한다. 한두 번 속는 것은 이해할 수 있지만, 계속 반복되는 것은 너무 많은 손실과 상처를 남긴다.

보수가 궤멸한 것은 이런 인간들끼리 서로 짜고 치는 고스톱 판을 만들었기 때문이다. 진보도 마찬가지다. 고인 물은 썩게 마련이니, 스스로 고인 물이라 생각이 들면 떠나는 게 지혜롭다.

21세기의 대한민국 국민들은 두 번이나 대통령 탄핵이라는 초유의 사태를 맞이하였다. 지난 번 탄핵으로도 해결하지 못했던 많은 문제들이 존재하고 있다는 사실을 뼈저리게 깨닫게 되었다.

그래서 헌법의 가치를 소중하게 여기게 되어 헌법 공부를 하게 되었고, 민주공화국의 의미를 가슴에 새기게 되었으니, 값비싼 수업료를 치르는 셈이지만 그 의미는 매우 크다.

07

대화가 불가능한 상대

용서나 화해, 화합은 잘못을 뉘우치고 책임지고 반성하는 사람하고 하는 거예요. 강도하고는 화해하는 게 아니야. 불법범죄를 저지른 부정, 불합리한 집단 인간들하고는 화해하는 게 아니라는 거죠. 그런 면에서 저는 노무현 대통령… 지금 서거하셨는데 너무 안타깝죠. 주어진 권한을, 상대가 정말 인간으로 보이고 내가 인간으로서의 최선과 성의를 다하면 그들이 받아들여줄 거라고 믿은 거예요.

- 2016년 6월, 〈김어준의 파파이스〉에서 유튜브 아이콘

사이코패스는 그리 많지 않다고 하지만, 소시오패스는 20명 가운데 1명 꼴이니 우리가 살고 있는 현실사회 곳곳에 자리잡고 있는 셈이다. 이런 사람들을 사회에서 만나면 어떻게 해야 하느냐고 전문가에게 물은 적이 있는데, 답은 간단했다. "무조건 도망쳐라."였다.

특히 감정을 사용할 줄 안다는 점에서 소시오패스는 사이코패스보다도 더 위험한데, 이런 인간들의 특징은 매우 극심한 이기주의자라는 점이다. 그러니 그런 부류를 정상적인 인간으로 생각하면 안 된다.

필요하다 싶으면 입 안의 혀처럼 굴겠지만, 순식간에 그 혀는 칼이 되어 당신의 등골을 꿰뚫을 것이다. 안 믿겨지겠지만 그들은 거짓말을 밥먹듯이 하기 때문에, 당신이 알고 있는 모든 것이 거짓말이라고 생각하면 간단하다.

08

복지는 공짜가 아니다

국민이 낸 세금 열심히 아껴서
다시 돌려주는 게 왜 공짜입니까?

- 2016년 9월 26일, 복지가 공짜라는 주장에 답하며

국민이 낸 세금을 원래 주인인 국민에게 되돌려주는 것이 어째서 '공짜'냐는 문제의식이 핵심이다. 일반적으로 '공짜'라 함은 무언가를 거저 받는 상황을 의미하지만, 세금은 이미 국민이 낸 돈이니 돌려주거나 복지정책으로 활용하는 것은 '포퓰리즘'이 아니라 당연한 권리라는 것이다.

이 발언에는 일부 정치권에서 "복지를 늘리면 국민이 나태해진다."거나 "공짜 정책은 국민을 망친다."는 식의 주장을 펼치는 데에 대한 비판이 녹아 있다. 결국 국민이 낸 세금을 아껴서 돌려주는 것은 '인심'이 아니라, 헌법에도 명시된 '국가의 의무'라는 게 골자다. 정치인과 행정가들은 국민의 대리인에 불과하며, 주인이 낸 돈을 책임감 있게 관리하고 분배해야 한다는 것이다.

복지에 대한 이재명의 생각은 이후에도 지속적으로 이어진다.

2016년 10월 13일 국정감사에서는 "지금 이것보다 더 나은 정책이 있으면 제가 하지요. 그러면 정부에서 하는 것처럼 4대강이나 파고 자원외교한다고 마구 낭비하고 방산비리처럼 쓸데없는 데 돈 쓰고 하는 것보다는 이 아낀 돈을 국민들, 세금 내는 국민들한테 되돌려주는 게 잘

하는 거라고 생각하거든요."라고 이야기한다,

2017년 대선출마 선언 후에도 "국민은 지배대상이 아니에요. 국민을 지배대상으로 보니까 복지를 공짜라 생각하는 겁니다."라고 언급한다.

아껴서 다시 돌려주는 정부가 정상이다. 허투루 쓰고 모자란다고 더 걷는 정부는 비정상이다. 본인들은 그렇게 할 생각 없으니 정상적으로 하려는 사람들까지 발목 붙들며 못 하게 만드는 건 최악이다.

09
싸워야 합니다

민주공화국을 위하여 우리가 싸워야 합니다.
공평한 기회가 보장되는 평등한 나라를 위하여,
공정한 경쟁이 보장되는 진정한 자유로운 나라를 위하여,
전쟁의 위협이 없는 평화로운 나라를 위하여,
생명의 침해가 걱정이 없는 안전한 나라를 위하여
우리가 싸울 때입니다.

- 2016년 10월 27일, 〈썰전〉에 출연하여

어떤 의미에서 "싸우지 말고 사이좋게 지내라."는 어른들의 가르침은 부족한 면이 있다. 언제 싸워야 하고 언제 사이좋게 지내야 할지 그 기준을 가르쳐줘야 한다. 당연하고 마땅한 권리조차 주장하지 않으면 침해당하는 사례가 허다하다.

그러니 "안 돼요", "싫어요", "난 가만 있지 않겠어요."라고 이야기할 때와 장소와 상황에 대해서 명확하게 교육시킬 필요가 있다.

결코 평화롭게 해결될 수 없는 문제들, 싸워야만 해결되는 과제들 앞에 서 있는 사람들과 연대하여 지혜와 힘을 모아주기는커녕, 값싼 평화를 내세우며 그저 평화롭게 지내라고 이야기하는 건 악마의 유혹이라고밖에는 붙일 이름이 없다.

10
갈수록 태산

부정부패를 하거나 무능하거나 이런 것은
당장 자신의 일이 아니니까 인내할 수 있어요.
하지만 지금 벌어지는 일들을 보면
국민들에게 수치감을 주잖아요.
"아이고… 내가 저런 사람들한테
지배를 당했었구나." 하고.

- 2016년 10월 26일, 모이자! 분노하자! 내려와라
박근혜 시민 촛불에서

박근혜 정부의 최순실 등 민간인에 의한 국정농단 의혹 사건을 겪던 그때는 이렇게 수치스럽고 한심한 일이 앞으로 또 있겠나 싶었는데, 10년도 지나기 전에 더 심각한 일이 생겼다.

"아이고 내가 이런 사람들한테 지배를 당했구나."

"진짜 근본도 알 수 없는 인간들에게 국가 운명을 통째로 맡겼구나."

스스로 한탄하며 이 겨울을 꼬박 광장에서 보냈다. 그렇게 해서 불과 10년 동안에 두 명의 대통령이 탄핵으로 파면되었다.

그러고 보면 이런 대통령 후보를 내는 정당도 큰 문제다. 게다가 이번에는 내란사태를 옹호하며 국민들에게 제대로 된 사과 한 번 없이 넘어가려고 한다. 갈수록 태산인데 뾰족한 해결방법이 없으니 어찌하면 좋을까. 시민들이 광장을 계속 지킬 수밖에 없는 이유가 여기에 있다.

11

선별복지의
비효율성

현재는 99대 1의 사회다.

극소수는 너무 많이 가졌고

나머지는 너무 못 가졌다.

이 1% 부분을 가려내는 데 전산작업이나

인력투입 등으로 인해

예산이 오히려 더 들어간다.

- 2016년 1월 6일, 동아일보 인터뷰에서

캐나다 서부의 캘거리라는 도시를 방문했을 때의 일이다. C-트레인이라는 전철노선이 도시를 횡단, 종단하면서 중요한 교통수단으로 활용되고 있다. 그런데 역에는 승강장과 종이로 된 티켓을 판매하는 자판기 두어 대가 딸랑 있을 뿐이다. 알아서 구입하고 알아서 소지하고 승차하는데, 놀라운 것은 아무도 그 표를 확인하지 않는다는 점이다.

물론 완전히 방치하는 것은 아니다. 가끔씩 경찰복 같이 차려입은 덩치 좋은 승무원 3인조가 득달같이 나타나서 불쑥불쑥 표를 보여달라고 한다. 그런데 이때 표를 확인해주지 못하면 요금의 100배에 해당하는 벌금을 부과한다. 많은 사람들 앞에서 벌어지는 일이므로 상당히 심리적 압박도 있으려니와 벌금의 무게도 만만치 않아서, 일반인들은 무임승차를 시도하는 경우가 거의 없다.

거창한 검표 시스템이 없이도 자율적으로 규칙이 이루어지는 이 간단한 시스템을 접하면서 허를 찔리는 느낌이었다. 지극히 단순한 기술이라 설비투자를 최소화할 수 있는데, 무임승차 방지효과도 충분히 거두는 데다가 승무원의 고용창출도 되니 일석삼조가 아니던가.

예산의 집행 효율성을 거론하면서 선별적 복지가 필요

하다는 이야기도 말짱 도루묵이라는 생각이 함께 들었다. 사람을 걸러내는 일을 하느라 시간 들고, 돈 들고, 심리적 불만족까지 준다면 도대체 무엇을 위해 하는 일인가? 합리적이라는 선택이 비합리적일 때가 있다. 효율적이라는 시스템이 오히려 비효율적인 시스템일 때가 있다.

12

기본소득의 꿈

저는 국가예산 400조의 7%인 28조 원으로

29세 이하와 65세 이상 국민,

농어민과 장애인 2,800만 명에게

기본소득 1백만 원을 지급할 계획입니다.

95%의 국민이 혜택을 보는 국토보유세를 만들어

전 국민에게 30만 원씩 토지배당을 시작할 것입니다.

기본소득과 토지배당은 지역화폐 상품권 로 지급하여

560만 자영업자를 살리게 됩니다.

- 2017년 1월 23일, 경기도 성남 오리엔트 시계공장에서

이 글은 2017년 당시 성남시장이었던 이재명이 구상한 '기본소득'의 구체적 로드맵을 잘 보여준다. 대표적인 포퓰리즘 정책으로 오랜 세월 뭇매를 맞아왔지만, 어느덧 인공지능이 인간의 노동을 대체하게 되는 시점을 당하고 보니, 기본소득의 중요성을 다시금 실감하게 된다. 인간이 과도한 노동에서 풀려난다고 한들, 일자리를 빼앗긴다면 무엇으로 인간의 존엄성을 존중받을 수 있단 말인가.

'기본소득의 꿈'이라고 하지만 그 계획은 나름대로의 설득력을 갖추고 있다. 국민예산의 일부를 활용해 청년층과 노인층, 농어민, 장애인 등에게 매년 100만 원씩 지급하겠다는 구상인데, 당시엔 이런 아이디어가 생소하게 느껴졌을 수도 있지만, 경제적 불평등과 저성장 문제가 계속되는 지금에 이르러서는 더욱 주목받는 정책방향이 됐다.

우리는 '기본소득의 꿈'을 함께 꾸기를 소망한다. 어떠한 변화도 한 번에 이루어지는 법은 없다. 기본소득 100만 원을 지급할 수 있는 대한민국이라는 꿈꾸고 이루어가는 것은 우리 모두가 함께해야 할 일이다. 무엇보다도 첫 단추는 그 방향성에 동의하는 일이 우선일 것이다.

13

솜방망이와 철퇴

같은 법도 강자에게는 솜방망이이고 약자에게는 철
퇴입니다. 같은 법도 강자에게는 성공의 기회이고 약
자에게는 족쇄입니다. '정치' 때문에 대한민국은 세계
에서 가장 불평등한 나라가 되었습니다. 상위 10%가
대한민국 연소득의 절반을 차지합니다. 국민의 50%
는 겨우 5%를 나눠갖기 위해서 아등바등 싸웁니다. 상
위 10%가 대한민국 자산의 66%를 가지고 있습니다. 하
위 50%는 겨우 2%! 2%를 가지고 나누고 다투고 있습니다.

- 2017년 3월 31일, 부산에서 열린 대선 경선 영남권 연설회에서

같은 법이지만 강자에게는 솜방망이, 약자에게는 철퇴가 되기도 한다. 같은 제도와 규정이 부자에게는 성공의 발판이 되지만, 서민에게는 오히려 족쇄가 되는 현실이다. 그 결과, 대한민국은 세계에서도 손꼽힐 만큼 불평등이 심화되었다.

이런 격차와 불평등은 '정치'의 실패에서 비롯된 것이며, 법과 제도를 고치는 것 역시 정치적 의지에 달려 있다. 기울어진 운동장을 바로잡지 않는 한, 약자들은 더 깊은 수렁에 빠져들 수밖에 없기 때문이다.

여기서 제시된 수치는 우리 사회가 얼마나 구조적으로 기울어져 있는지를 보여주며, 약자 보호와 공정성 회복을 위한 구체적 대책이 시급함을 강조한다. 이러한 문제를 해결하지 않으면, 불평등의 악순환은 계속되어 사회갈등이 더욱 심화될 수밖에 없다. 이 발언은 결국 정의롭고 평등한 제도를 마련하는 데 정치의 책임이 얼마나 큰지를 강하게 환기시킨다.

14

높은 곳에는
이재명이 없습니다

사랑하는 국민 여러분, 이재명을 찾기 위해서 저 높은 곳을 쳐다보지 마십시오. 거기에는 이재명이 없습니다. 이재명은 바로 여러분들의 옆에 있기 때문입니다. 정치인은 높은 자리에서 국민들을 지배하는 것이 아니라, 그저 국민에게 고용되어서 국민이 맡긴 권한으로 국민을 위해 일할 의무를 가진 국민의 공복, 즉 머슴일 뿐이기 때문입니다. 여러분!

- 2017년 3월 31일, 부산에서 열린 대선 경선 영남권 연설에서

이재명의 '변함없는 약속'을 보여주는 대표적인 사례라고 할 것이다.

이재명은 위계를 강조하는 전통적 정치문법 대신, 국민과 나란히 걷는 리더십을 강조하며 스스로를 '공복'이라 칭한다. 이는 정치권력의 출발이 '주권재민'이라는 대원칙 위에 서 있음을 재확인하는 동시에, 대중에게 믿음과 진정성을 전달하고자 하는 마음이 담겨 있다.

그가 생각하는 정치권력의 본질은 '위에서부터의 통치'가 아니라, '국민으로부터 위임받은 권한에 따른 봉사'이기 때문이다. 따라서 정치인은 '저 높은 곳'이 아닌 '국민 옆'에서 국민과 함께 호흡해야 한다고 주장한다. 그런 까닭에 정치인은 국민의 공복이며 머슴인 것이다.

다른 정치인들도 선거기간에는 이런 말을 하기도 하지만, 선거가 끝난 후에도 그 마음을 계속 유지하는 경우는 드물다. 이재명은 이에 대해 자신이 "국민에게 고용되었다."고 이야기하는데, 이는 단순히 선거철에만 국민의 뜻을 구하는 것이 아니라, 실제 정책집행 과정에서 늘 '민의'를 최우선으로 삼는 자세로 임하겠다는 굳은 약속을 의미한다.

그의 공약이행률은 95%에 달한다. 그 이유는 간단하

다. 선거에 붙기 위해서 남발하는 선심성 공약이 아니라, 꼭 필요한 정책들을 오랜 시간 준비하여 공약으로 발표하고 꼼꼼히 실천하기 때문이다. 주인의 마음을 시원하게 해주는 공복과 함께 진짜 대한민국을 만들어가고 싶다.

15

이긴 전쟁보다
더러운 평화가 낫다

아무리 비싸고 더럽고 자존심 상해도 전쟁보다 평화가 낫습니다. 국방안보의 궁극 목적은 국민의 생명과 평화를 지키는 것이지 파괴와 살상전에서의 승리가 아닙니다. 국민의 생명과 안전 수호가 국가의 제1의무이기 때문입니다.

- 2017년 8월 4일, 평화주의를 지지하며

언제 전쟁이 발발해도 이상하지 않은 나라가 우리 대한민국이다. 1953년 7월 27일에 휴전협정이 체결된 이후 한반도의 분단상태가 아슬아슬하게 유지되어 왔기 때문이다.

한국전쟁에서 민간인 희생자의 수는 약 200~300만 명에 달한다. 남쪽 사망자는 99만 명, 북쪽 사망자는 155 만 명으로 추정된다. 1949년 당시 남한의 인구수가 2천만 명이었던 것을 고려한다면, 약 5%의 민간인이 사망한 셈이다. 북한의 경우에는 전 인구의 14%에 해당한다.

이런 비극은 다시는 반복되어서는 안 된다는 결심이 필요한 부분이다. 그런 까닭에 박정희 대통령을 필두로 하여 남북의 정치인들은 한반도의 평화정착을 위해 지속적인 노력을 기울여 왔다. 그 노력들을 물거품으로 만들어버리고, 북한을 자극하여 자신의 계엄을 정당화하려는 무도한 노력이 최근에 자행되었으니, 참으로 끔찍한 일이다.

어떠한 비용을 치르고서라도 전쟁은 막는 것이 지혜롭다. 더욱이나 우리 군대는 징병제로 운영되고 있으니, 귀한 청년들을 지키기 위해서라도 평화를 위한 노력은 아무리 쏟아부어도 아깝지 않다.

16

과연 국민이 주인인가

교과서에는 국민이 주인이라고 써져 있는데, 실제 현실에서는 대통령을 포함한 이 정치인들이 모두 지배자에요. 국민은 지배당하는 대상이 된 거죠. 그들이 대리인이라는 생각을 하지 않아요. 정치는 소수의 것이 아니라, 모두가 참여하는 겁니다.

- 2017년 12월 8일, 〈어쩌다 어른〉에 출연하여

이번 12·3 계엄사태를 극복하며 헌법의 가치와 중요성을 깨닫게 된 것은 대한민국의 민주주의가 이루어낸 눈부신 성취라고 할 것이다. '2024헌나8 대통령 윤석열 탄핵사건 헌법재판소 결정문'에도 헌법 제1조 1항과 '서문' 격인 전문을 맨앞과 맨뒤에 배치하여 '헌법정신'을 강조하였다.

헌법 제1조 1항은 잘 알다시피 '대한민국은 민주공화국이다.'라는 내용이다. 2항은 '대한민국의 주권은 국민에게 있고, 모든 권력은 국민으로부터 나온다.'는 내용이다.

너무나 잘 아는 내용이지만, 정작 민주공화국의 정확한 뜻에 대해서는 확실치 않은 면이 있다. 공화국은 군주국이 아닌 국가를 의미하는데, 주권의 소재에 따라 귀족공화국이나 계급공화국이 있기도 하다.

따라서 민주공화국이란 주권이 국민에게 있고 국민이 선출한 대표자가 국민의 권리와 이익을 위하여 국정을 운영하며, 국가의 원수가 그 명칭 여하를 막론하고 국민의 직접 또는 간접 선거에 의하여 선출되며 일정한 임기에 의해 교체되는 국가를 말한다.

역사적으로 볼 때, 민주공화국이 최초로 등장한 것은 1776년 미국의 독립선언에서였다. 그후 1789년의 프랑스 혁명, 1793년과 1848년의 프랑스 헌법 등에 의하여 확고하게 자리잡았다.

우리는 일제에 의해 1910년에 국권을 잃었지만, 불과 10년도 되지 않아 군주국가인 대한제국을 떠나보냈으며, 민주공화국인 대한민국을 무형의 국가로 마음 속에 지었다. 이 내용은 1919년 3·1 독립선언문에 잘 드러나 있다. 그 첫 대목에서 '우리는 오늘 조선이 독립한 나라이며, 조선인이 이 나라의 주인임'임을 만방에 선포하고 있는 것이다. 이후로 대한민국은 단 한 번도 민주공화국이 아닌 적이 없었다.

비록 이후에도 주인이 주인 노릇하지 못하게 억압하고 짓밟는 세력들이 끊임없이 준동해왔으나, 지혜롭고 용기 있는 우리 대한국민은 이 모든 어려움을 헤쳐나왔다. 그런 점에서 대한민국의 건국을 1948년으로 삼으려 하는 뉴라이트의 주장들은 어림도 없는 이야기이다.

우리가 이 나라의 주인이라는 것을 자꾸 망각하게 하려는 이들의 책동에 휘둘릴 것인가? 아니면 진짜 대한민국의 미래를 우리 손으로 만들어갈 것인가? 그 길 역시 우리들에게 달려 있다.

17
국민만 믿고

도둑을 잡은 건 보복이 아니라
정의일 뿐입니다.
국민만 믿고 돌파합시다.

- 2017년 5월 24일 오전 8시 31분 • 트위터

이 당시 문재인 대통령이 4대강 사업에 대한 정책감사를 지시하자, 보수 야당이 "정치보복"이라며 강하게 반발하던 상황에서 쓴 글이다. 이때 이재명 성남시장은 도둑을 잡는 것은 보복이 아니라, 정의일 뿐이라며 국민만 믿고 돌파하자고 이야기한다.

'국민만 믿고 돌파하는 일'은 8년이 지난 지금도 그의 변함없는 약속이다. 최근 대선 경선 예비후보로 나서면서 출간한 책의 제목이 《결국 국민이 합니다》인 것도 우연이 아니다. 국민만 믿고 돌파하겠다는 굳은 의지가 그를 이 순간까지 이끌어왔다. 그리고 우리를 동지라 부르며, 빛의 혁명을 완수하자고 손을 내민다.

이제, 지난 대선에서 그를 지지하지 않았던 국민들도, 그를 믿고 지지하는 든든한 국민이 되어, 진정으로 국민을 믿고 올바른 정치를 펼쳐갔으면 하는 바람이다. 오랜 세월 국민을 속여왔던 도둑들은 그에 응당하는 처벌을 받는 것이 마땅하다. 도둑들에게 속아온 국민들은 미몽에서 깨어나야 한다. 정의는 실현되어야 한다.

부디 비정상이 정상으로 변화하는 세상, 모든 것이 제자리로 돌아가는 아름다운 풍경을 기대한다.

계엄을 선포하고 정적들을 죽음으로 내몰아
대한민국을 독재국가로 만들겠다는 저들 내란세력이
우리에게 안겨준 것은 두려움과 공포였습니다.

그러나 우리는 그 두려움과 공포에 압제되지
아니하였습니다.
증오와 혐오에 사로잡혀 폭력으로 맞서지 않았습니다.
그보다 더 크고 강력한 평화의 힘, 사랑의 연대로
우리는 하나가 되었습니다.

자신에게 가장 소중한 것을 내어놓는 심정으로
응원봉을 꺼내들었습니다.
형형색색의 아름다운 불빛으로 어둡고 잔인하며
고통스러운 세상을 밝혔습니다.
편하고 익숙한 세상을 깨고 나와 깃발을 앞장세우고
추운 광장으로 나섰습니다.

다시 만난 세계를 함께 부르며 눈내리는 남태령의 밤을
사랑의 연대와 집단지성으로 지켜냈습니다.

개인적으로는 촛불 풍물단과의 만남이 큰 감동으로
다가왔습니다.
꽹과리와 북, 장구, 징, 태평소와 소고를 든 풍물단이
행진하는 시민들의 발걸음을 격려하고 흥을 돋우었습니다.
시민 나팔부대도 조직되어 풍물 장단에
힘찬 나팔 소리를 보탰고, 행진하던 시민들은
흥에 겨워 함께 어깨춤을 추었습니다.

저도 처음에는 풍물단 꼬리를 따라다니며
함께 춤을 추고 나팔을 불었는데,
어느덧 풍물단의 일원이 되었습니다.
남편은 태평소를 불게 되었고,
저는 소고를 들고 나섰습니다.

이 책을 쓰게 된 힘도 광장에 나아갔기에
얻을 수 있었던 것입니다.
형형색색의 응원봉은 저의 마음에
희망의 씨앗을 심어주었습니다.
'흥으로 이기리라.'는 풍물소리는
저에게 무한 에너지를 전해주었습니다.
그 힘으로 이 책을 쓸 수 있었습니다.
우리의 연대가 만들어갈 미래를 확신할 수 있었습니다.

어둠과 함께 하나의 시대가 저물어가는데도,
새로운 시대는 아직 싹을 틔우지 못하고 있습니다만…
우리는 반드시 승리할 것입니다.
이번에는 결코 물러서지 않을 것입니다.
시민들의 뜨거운 열정으로 끝까지 나아갈 것입니다.
어둠과 위기는 가혹하지만 창조적 혼돈은
사랑과 연대, 열정과 인내를 지닌

빛의 존재들이 만듭니다.

그래서 이 책의 에필로그 글은 마무리가 아니라
거듭 새로워지는 빛의 혁명에 들어서는
프롤로그입니다.
우리는 지금, 새로운 대한민국,
진짜 대한민국으로 나아가는 중입니다.

2025년 4월 어느날

조정미

이재명의 변함없는약속

초판 1쇄 인쇄 2025년 4월 25일
초판 1쇄 발행 2025년 4월 30일

지은이 조정미

펴낸이 박세현
펴낸곳 팬덤북스

기획 편집 곽병완
디자인 김민주
마케팅 전창열
SNS 홍보 신현아

주소 (우)14557 경기도 부천시 조마루로 385번길 92 부천테크노밸리유1센터 1110호

전화 070-8821-4312 | **팩스** 02-6008-4318
이메일 fandombooks@naver.com
블로그 http://blog.naver.com/fandombooks

출판등록 2009년 7월 9일(제386-251002009000081호)

ISBN 979-11-6169-349-1 03340